edition suhrkamp

Redaktion: Günther Busch

Manfred Riedel, geboren am 10. Mai 1936, ist Professor für Philosophie an der Universität Erlangen–Nürnberg. Buchveröffentlichungen: *Theorie und Praxis im Denken Hegels* 1965; *Wandlungen des Generationsproblems* 1969; *Studien zu Hegels Rechtsphilosophie* 1969; *Bürgerliche Gesellschaft und Staat. Grundproblem und Struktur der Hegelschen Rechtsphilosophie* 1970, sowie zahlreiche Abhandlungen in Fachzeitschriften und wissenschaftlichen Sammelwerken, darunter *Zum Verhältnis von Ontologie und politischer Theorie bei Hobbes* 1968; *Dilthey und das Problem der Metaphysik* 1969; *Politik und Metaphysik bei Aristoteles* 1969; *Brecht und die Philosophie* 1970; *Positivismuskritik und Historismus* 1971.

Mit den hier gesammelten Aufsätzen knüpft Manfred Riedel an seine *Studien zu Hegels Rechtsphilosophie* von 1969 (*edition suhrkamp* 355) an. Ihre Absicht ist der Versuch einer geschichtlichen Standortbestimmung der Hegelschen Philosophie. An Hand der Darstellung einzelner Aspekte dieses umfassenden Systems unternimmt es der Autor, dessen Entstehungsgeschichte, vor allem aber die Wirkungsgeschichte, wie sie am folgenreichsten im Werk von Marx sich zeigt, neu zu interpretieren. In vergleichenden Betrachtungen umreißt Riedel Übereinstimmungen und in diesen sich verdeutlichende Unterschiede im Hegelschen und Marxschen Denken und eröffnet zugleich einen neuen Zugang zum Verständnis des Theorie-Praxis-Problems sowie zu Grundfragen der Hegelschen Philosophie im ganzen.

Manfred Riedel
System und Geschichte
Studien zum historischen Standort von Hegels Philosophie

Suhrkamp Verlag

edition suhrkamp 619
Erste Auflage 1973

Satz, in Linotype Garamond, Druck und Bindung bei Georg Wagner, Nördlingen. Gesamtausstattung Willy Fleckhaus.

Inhalt

Vorwort

Dieser Band enthält Vorträge und Aufsätze, die aus aktuellem Anlaß entstanden sind. Der erste Beitrag wurde für den von G.-K. Kaltenbrunner edierten Sammelband *Hegel und die Folgen* geschrieben und in Thesenform auf dem Berliner Hegel-Kongreß 1970 zur Diskussion gestellt. Der vierte Beitrag ist auf dem Stuttgarter Hegel-Kongreß 1970 vorgetragen und in englischer Fassung in dem vom Pembroke College der Universität Oxford vorbereiteten Gedenkband zu Hegels 200. Geburtstag abgedruckt worden, den Z. A. Pelczynski unter dem Titel *Hegel's Political Philosophy, Problems and Perspectives* herausgegeben hat.
Dem thematischen Rahmen dieser Beiträge sind auch die übrigen, z. T. früher geschriebenen und an verstreuten Orten publizierten Studien des vorliegenden Bandes zugeordnet. Es handelt sich um Versuche zu einer Standortbestimmung der Hegelschen Philosophie, ihrer Vorgeschichte in der ersten Phase neuzeitlicher Aufklärung und Wissenschaft und ihrer Nachgeschichte in jener Phase einer »zweiten Aufklärung«, die mit der Entstehung der industriellen Gesellschaft am Übergang vom 18. zum 19. Jahrhundert beginnt und die dialektische Philosophie zur »Anstrengung des Begriffs« (und nicht zuletzt auch zu ihrer »Aufhebung«) verurteilt.
Im Gegensatz zu Hegels eigenem geschichtsphilosophischen Selbstverständnis, das sich noch einmal der älteren universal-historischen Unterscheidung von antiker (griechisch-römischer) und moderner (christlicher) Welt bedient, hat sich seither das geschichtstheoretische Interesse von der Universalgeschichte auf jenen Zeitabschnitt ver-

lagert, in dem mit der Französischen Revolution, der von England ausgehenden industriell-technischen Revolution und mit der Entstehung selbständiger Erfahrungswissenschaften die menschliche Lebenswelt aus sozio-kulturellen Dauerordnungen herausgerissen und dem permanenten Wandel ausgesetzt wird. Dieser Abschnitt, der mit Hegels Lebenszeit (1770-1831) zusammenfällt, gilt inzwischen als der Beginn der »modernen Welt«, d. h. jener entscheidenden Phase europäischer Geschichte, die in der neueren Historiographie den Status eines eigenständigen, von der »Neuzeit« auch terminologisch noch abzugrenzenden Untersuchungsfeldes erhalten hat. Es lag daher nahe, die hier gewonnenen Einsichten als Interpretationsschlüssel zu Grundfragen der Hegelschen Philosophie (einschließlich ihrer Beziehungen zu Marx) zu benutzen und die Epochebezeichnung: *moderne Welt* auf jene spezifische Erfahrungssituation einzuschränken, die in ihr vorausgesetzt wird.

Der letzte Beitrag zur Frage der *Anthropologie bei Hegel und Marx* wurde bereits 1965 publiziert. Er führt einige systematische Ansätze zum Theorie-Praxis-Problem weiter, die in meinen Untersuchungen über *Theorie und Praxis im Denken Hegels* enthalten sind.

Erlangen, im Mai 1972 M. R.

Hegel und Marx
Die Neubestimmung des Verhältnisses von Theorie und Praxis

In der Diskussion über Hegel, Marx und den Marxismus galt lange Zeit ein Satz als Schibboleth, an dem sich die Geister schieden: die 11. These über Feuerbach. Sie lautet in der Originalfassung: »Die Philosophen haben die Welt nur verschieden *interpretiert,* es kömmt drauf an, sie zu *verändern.*«[1] Berühmte Sätze haben ihre Geschichte, und wenn sie kurz und schlagend formuliert sind, ist es nicht selten eine Geschichte von Mißverständnissen. In diesem Falle beginnt sie damit, daß Friedrich Engels, als er die These 1888 im Anhang zu dem revidierten Sonderdruck seiner Schrift *Ludwig Feuerbach und der Ausgang der klassischen deutschen Philosophie* zum ersten Mal veröffentlichte, ein »aber« hinzufügte: »Die Philosophen haben die Welt nur verschieden interpretiert; es kommt aber darauf an, sie zu verändern.«[2] So schien der Sinn des Satzes festgelegt: Weltveränderung statt Interpretation der Welt das Losungswort von Marx und vom Marxismus und die Trennungslinie zu Hegel der Unterschied zwischen Theorie und Praxis, der hier mit dem von Interpretation und Veränderung gleichgesetzt wurde. In der Originalfassung stehen sich beide Termini gar nicht konträr entgegen. Zwar macht Marx gegenüber verschiedenartigen und einander meist ausschließenden theoretischen Weltentwürfen der Philosophie – einem ihr selbst wohl bewußten Man-

1 Vgl. *MEW*, Bd. 3, Berlin 1958, S. 7. (Die Originalfassung wurde 1932 vom Marx-Engels-Lenin-Institut, Moskau, veröffentlicht.)
2 A.a.O., S. 535.

gel – die Notwendigkeit praktischer Veränderung geltend, jedoch so, daß damit über das Verhältnis von Theorie und Praxis noch keineswegs entschieden ist.
Nun muß man zugeben, daß die 11. Feuerbach-These auch ohne den Engelsschen Eingriff mißverständlich genug ist. Wie steht es denn eigentlich um die Wahrheit des Satzes, daß die Philosophen die Welt nur verschieden interpretiert und dabei den Gesichtspunkt ihrer Veränderung, der Praxis, aus den Augen verloren haben? In dieser Form trifft die These weder auf die Philosophie im allgemeinen (»die Philosophen«) noch auf die Hegelsche Philosophie im besonderen zu, so daß wir gut daran tun, zuvor einige Begriffe und Positionen zu klären. Der Einwand, daß sich die Philosophen auf bloße Weltinterpretation beschränkt hätten, scheint allerdings wohlbegründet zu sein – er kann sich auf eine lange und ehrwürdige Tradition berufen, die von Plato und Aristoteles bis hin zu Hegel reicht. Danach ist Philosophie zunächst und zuerst *Theorie*, die sich in der Haltung des Anschauens und Betrachtens den Dingen zuwendet, um sie aus ihrer Nutzbarkeit und Zweckdienlichkeit im sozialen Aktionszusammenhang herauszulösen und als das, was sie sind, in ihrem Wirken und Wesen zu erforschen. Philosophie wird nicht als Mittel zu etwas anderem (für menschliches Handeln), sondern allein um ihrer selbst, und das heißt hier: um der Theorie willen gesucht. »Erst nachdem beinahe alles Lebensnotwendige«, sagt Aristoteles im 1. Buch der *Metaphysik*[3], »und was zur Bequemlichkeit und zum Verkehr des Lebens gehört, vorhanden war, hat man angefangen, sich um philosophische Erkenntnis zu bemühen.« Und Hegel, der diese Stelle in der Vorrede zur 2. Ausgabe der *Logik* zustimmend zitiert, setzt hinzu: »Es ist, kann man sagen, das Bedürfnis des

3 I 2, 982 b 22-24.

schon befriedigten Bedürfnisses der Notwendigkeit, der Bedürfnislosigkeit«, zu welcher der Menschengeist gekommen sein muß, wenn er sich mit dem »reinen Gedanken der Philosophie« im Medium eben dieses Gedankens, des nur in sich seienden, interessefreien und praxisfernen Denkens beschäftigen soll.[4]

Gleichwohl widerspricht die sich hieran anschließende Auffassung der Philosophie als einer sich selbst genügenden Theorie der Selbstauffassung der klassischen Philosophie von ihrer Funktion und Rolle in der menschlichen Gesellschaft. Denn die Distanzierung von der Lebenspraxis bezweckt nicht die Abkehr von ihr, sondern die methodische Ausbildung jener Haltung des genauen Zusehens und Erforschens der Dinge zur Theorie, welche die Rückwendung des Philosophen in die Praxis der geschichtlich-gesellschaftlichen Welt erst ermöglichen und in ihrer Notwendigkeit begründen soll. Jedenfalls hat sich die klassische Philosophie von Anbeginn als »praktische Philosophie« begriffen und das Verhältnis von Theorie und Praxis in doppelter Weise bedacht – einmal als Theorie der menschlichen Lebenspraxis im Sinne der genannten Disziplin, die nach Aristoteles den ganzen Handlungszusammenhang jener Welt, angefangen vom Handeln des Einzelnen bis hin zu den Handlungsweisen in Oikos und Polis und den zu ihnen gehörenden Gemeinschaften und Institutionen umfaßt; und zum anderen als Theorie der Verwirklichung von philosophisch ausgewiesener und begründeter Theorie durch Instanzen, die selber nicht mehr solche der Philosophie sind.

4 G. W. F. Hegel, *Wissenschaft der Logik* (Hrsg. G. Lasson), 1. Teil, Leipzig 1951, S. 12.

I

In dieser letzteren Form ist das Theorie-Praxis-Problem zum ersten Mal von Plato in eine für die Geschichte der praktischen Philosophie folgenreiche Konstellation gebracht worden, die Hegel aufgenommen und zu Ende gedacht hat. Anfang und Ende einer Tradition haben dies gemeinsam, daß an ihnen die philosophischen Grundfragen wie in einem Brennpunkt konzentriert und zur Entscheidung gestellt sind. Insofern wiederholt sich in jedem Ende der Anfang, so daß wir uns an ihn zurückwenden müssen, wenn wir die Marxsche Kritik an Hegel als dem Vollender der europäischen Philosophie verstehen wollen. Die entscheidende Grundfrage der Philosophie ist nach Hegel ihre Stellung zur Wirklichkeit[5], die Plato mit dem ebenso berühmten wie berüchtigten Satz umschrieben hat, daß das Elend und Unglück für die Polis und das ganze menschliche Geschlecht kein Ende nehmen würde, wenn nicht die Könige und Herrscher Philosophen werden und die jetzigen sogenannten Herrscher in wahrhafter und gründlicher Weise philosophieren und beides in eins zusammenfällt: *politische Macht* und *Philosophie*.[6] Der Anspruch dieses Platonischen Satzes besteht aber nicht so sehr darin, daß er Philosophie und Politik miteinander identisch setzt, sondern darin, daß nach Plato gerade diejenigen, die im Bruch mit der vorhandenen Wirklichkeit der Polis Theorie um ihrer selbst willen ausbilden und so zum Beispiel, statt *diese* oder *jene* Handlung oder *dieses* oder *jenes* Gesetz *gerecht zu nennen*, das *Gerechte selbst*, seine *Idee* namhaft zu machen und zu erforschen wissen – daß

5 Vgl. *Vorrede* zur *Rechtsphilosophie* (*Werke*, Bd. 7, Hrsg. H. Glockner, Stuttgart 1927, S. 32) mit *Plato-Vorlesung* (*Werke*, Bd. 18, S. 191).

6 *Politeia*, 473 c-e.

sie es sind, welche die politische Herrschaft übernehmen oder deren Philosophie der Herrscher annehmen müsse, damit jener Entwurf einer »Polis in der Idee« nach Möglichkeit gedeihen und das Licht der Sonne erblicken könne.

Diese von Plato vertretene Identitätsthese, die der junge Aristoteles akzeptiert und später dahingehend modifiziert hat, daß der Herrscher zwar nicht philosophieren müsse, daß es aber wichtig für ihn sei, die Philosophen anzuhören, verrät einen fundamentalen Mangel der klassisch-politischen Philosophie: das Fehlen einer eigentlichen Vermittlungsinstanz zwischen Theorie und Praxis, weshalb die Ideen einer besten Verfassung immer an die Figur des Herrschers oder Gesetzgebers adressiert sind. Das kehrt im neuzeitlichen Naturrecht wieder; am radikalsten vielleicht bei Hobbes, der den theoretischen Entwurf des *Leviathan* für so nutzlos hält wie Platos *Politeia* oder Morus' *Utopia* und das Problem der Realisierung mit dem Hinweis erledigt, er könne einmal in die Hände eines Souveräns gelangen[7]; in abgemilderter Form bei Kant, der den Philosophen-König-Satz verwirft, aber ähnlich wie Aristoteles darauf baut, daß Könige oder königliche Völker die Klasse der Philosophen nicht schwinden oder verstummen, sondern zur Beleuchtung ihres Geschäfts öffentlich sprechen lassen.[8] Demgegenüber geht Hegel in seinem Konzept der praktischen Philosophie davon aus, daß die gesellschaftlich-geschichtliche Welt auf dem Weg von Plato zu Kant von ihrem Übel – der politischen Willkür und Rechtlosigkeit – frei geworden und die Idee einer besten Verfassung, die das Gerechte selbst zur Grundlage hat, auf dem Boden der modernen Welt realisiert sei. He-

7 Vgl. Th. Hobbes, *Leviathan,* II, c. XXXII.

8 I. Kant, *Zum ewigen Frieden* (Hrsg. K. Vorländer), Leipzig 1919, S. 36.

gel spricht allen Ernstes und immer wieder davon, daß die Forderung des Plato in der modernen Welt »der Sache nach vorhanden« ist. Das Bewußtsein des Geistigen ist »jetzt«, in der Epoche der Aufklärung und Revolution, »wesentlich das Fundament, und die Herrschaft ist dadurch der Philosophie geworden«.[9] Philosophie und Staat, Idee und Wirklichkeit sind weder einander entgegengesetzt noch miteinander unmittelbar identisch, wohl aber vermittelt durch die *Instanz* der Geschichte, welche die Figur des Herrschers und Gesetzgebers *ablöst und dem Verhältnis von Theorie und Praxis ein ganz neues Fundament gibt.* In dieser Wendung zur Geschichte, die durch die Auseinandersetzung mit der Französischen Revolution und der in ihr erfolgten Positivierung der Idee des Rechts (des Naturrechts) motiviert ist, entspringt bei Hegel aus der Frage nach der Stellung der Philosophie zur Wirklichkeit das Problem ihrer »Verwirklichung«. Die Verwirklichung der Philosophie bedeutet aber nicht ihre Preisgabe an die veränderte Welt der Geschichte, sondern umgekehrt: um die geschichtliche Veränderung zu begreifen, bedarf es philosophischer Theorie in einem ungleich souveräneren und umfassenderen Sinne, als es Plato je zu fordern gewagt hätte[10], weil nach Hegel die Philosophie selbst in ihrer Geschichte der Grund jener veränderten Wirklichkeit und das Innerste der Weltgeschichte ist. Die Welt ist auf dem Boden der Moderne philosophisch, die Philosophie weltlich und erst damit total, die eine und ganze Philosophie geworden, in der die von Plato und Aristoteles ungelöst hinterlassenen Probleme von Theorie und Praxis gelöst

9 G. W. F. Hegel, *Vorlesungen über die Philosophie der Weltgeschichte* (Hrsg. G. Lasson), *Werke*, Bd. 4, S. 924; *Vorlesungen über die Geschichte der Philosophie*, II. *Werke*, Bd. 18, S. 195; *Enzyklopädie*, 3. Teil, § 552, *Werke*, Bd. 10, S. 444.

10 Vgl. *Vorrede* zur 2. Ausgabe der *Logik*, a.a.O., S. 22.

und zur Ruhe gekommen sind. Die Geschichtsphilosophie ist nach Hegel die Probe auf die praktische Philosophie als Theorie von Recht, Staat und politischer Verfassung.

In der Konfrontation mit dieser Idee einer zur Welt erweiterten und geschichtlich »verwirklichten« Philosophie hat sich bei Marx das Theorie-Praxis-Problem entwickelt, und es ist die These der folgenden Untersuchungen, daß der junge Marx auch dort noch an die Hegelschen Auflösungen anknüpft, wo seine eigenen Lösungsmodelle über sie hinausgehen. Die verweltlichte Philosophie tritt als Philosophie der gegenwärtigen Welt für Marx mit demselben Anspruch einer kritisch-souveränen, sich selbst genügenden und von unmittelbar praktischen Zwecken distanzierten Theorie auf, den Hegel und seine Vorgänger erhoben hatten.

Die philosophische Erkenntnis ist nach der Auffassung des jungen Marx, im Unterschied zu theologischen oder parteipolitisch gebundenen Denkweisen, zunächst interesse- und affektfreie Erkenntnis. Während sich Theologen, Politiker und Zeitungsschreiber an den *Affekt* wenden, wendet sich Philosophie an vernünftige Einsicht – »ihr flucht, sie lehrt, ihr versprecht Himmel und Welt, sie verspricht nichts als Wahrheit, ihr fordert den Glauben an euren Glauben, sie fordert nicht den Glauben an ihre Resultate, sie fordert die Prüfung des Zweifels; ihr schreckt, sie beruhigt. Und wahrscheinlich, die Philosophie ist weltklug genug, zu wissen, daß ihre Resultate nicht schmeicheln, weder der Genußsucht und dem Egoismus der himmlischen noch der irdischen Welt; das Publikum, das aber die Wahrheit, die Erkenntnis ihrer selbst wegen liebt, dessen Urteilskraft und Sittlichkeit wird sich wohl mit der Urteilskraft und Sittlichkeit unwissender [...] Skribenten messen können.«[11] Ja, Marx geht zu dieser Zeit so weit, daß

11 *MEW*, Bd. 1, S. 99.

er alle *Einsicht* verwirft, hinter der sich versteckte *Absicht* verbirgt und in den Vorbereitungsheften zur Doktordissertation jene Philosophen bevorzugt, die den Primat der Theorie am enthusiastischsten vertreten und gerade dadurch (!) zum »beseelenden Spiritus weltgeschichtlicher Entwicklung« geworden sind: »Den intensivren Philosophen, wie Aristoteles, Spinoza, Hegel, hatte ihr Verhalten selbst eine allgemeinere, weniger in das empirische Gefühl versenkte Form, aber deswegen ist die Begeisterung des Aristoteles, wenn er die θεωρία als das Beste preist, [...] darum ist die Begeisterung Spinozas, wenn er von der Betrachtung sub specie aeternitatis, von der Liebe Gottes oder der libertas mentis humane spricht, darum ist die Begeisterung Hegels, wenn er die ewige Verwirklichung der Idee, den großartigen Organismus des Geisteruniversums entwickelt, gediegener, wärmer, dem allgemeinen gebildeten Geist wohltuender, darum ist jene Begeisterung zur Ekstase als ihrer höchsten Spitze, diese zum reinen, idealen Feuer der Wissenschaft fortgebrannt.«[12]

Aber die Entwürfe und Schriften des jungen Marx bewegen sich nicht im Umkreis von Aristoteles, Spinoza und Hegel, sondern jener Philosophen, bei denen Erkenntnis mit einem bestimmten ethischen Interesse verknüpft und theoretische Einsicht von praktischer Absicht in der Tat nicht mehr streng zu unterscheiden ist: der epikureischen, stoischen und skeptischen Philosophie.[13] Das ist für den Ansatz seiner Hegelkritik von einer kaum zu unterschätzenden Bedeutung. Die affekt- und interessegebundene

12 *MEW*, Ergänzungsband, 1. Teil, S. 225; vgl. S. 235 und 327.

13 Vgl. G. W. F. Hegel, *Vorlesungen über die Geschichte der Philosophie*, II. *Werke*, Bd. 18, S. 425 f.: »Das Prinzip dieser Philosophie ist nicht objektiv, sondern dogmatisch, beruht auf dem Triebe des Selbstbewußtseins, sich zu befriedigen.« Vgl. S. 417 f. und 583.

Epigonenphilosophie ist das Gegenbild und die Alternative zur Theoriehaltung der Klassiker – die Philosophie als »praktische Person«, die »Intrigen mit der Welt spinnt« und »sich ans Herz der weltlichen Sirene wirft«. Der Rückgriff gibt Marx die Möglichkeit, die durch Hegels philosophischen Anspruch entstandene prekäre Erkenntnis- und Handlungssituation zu analysieren und seinen Vermittlungsversuch zwischen Theorie und Praxis zu problematisieren. Die Problematisierung vollzieht sich in mehreren Denkschritten und auf verschiedene Reflexionsstufen, von denen ich hier nur die wichtigsten anführen und charakterisieren kann: 1. Auf der philosophiegeschichtlichen beziehungsweise geschichtsphilosophischen Reflexionsstufe von Hegels Idee eines unter den Voraussetzungen der Moderne vollendeten Weltzustandes und einer ihm entsprechenden Philosophie, die nach Marx die eigentliche Voraussetzung dafür ist, daß sich die Philosophie jetzt – als praktische, mit der Welt intrigierende Person – gegen die erscheinende Welt wenden und statt in der Beschränktheit eines Systems als *Totalität* die Gestalt eines praktischen Verhältnisses zur Wirklichkeit annehmen kann. Die praktische Philosophie wird hier zur Philosophie der Praxis, die auf Zeit und Welt einzuwirken berufen ist: »Die Philosophie steht nicht außer der Welt, so wenig das Gehirn außer dem Menschen steht [...] Weil jede wahre Philosophie die geistige Quintessenz ihrer Zeit ist, muß die Zeit kommen, wo die Philosophie nicht nur innerlich, sondern auch äußerlich durch ihre Erscheinung mit der wirklichen Welt oder Zeit in Berührung und Wechselwirkung tritt. Die Philosophie hört dann auf, ein bestimmtes System gegen andere bestimmte Systeme zu sein, sie wird die Philosophie überhaupt gegen die Welt, sie wird die Philosophie der gegenwärtigen Welt.«[14]

14 *MEW*, Bd. 1, S. 97 f.

2. Auf der ethisch-politisch fundierten Reflexionsstufe der *philosophischen Kritik,* welche die besondere Wirklichkeit an der Idee, die einzelne Existenz am Wesen mißt, und das ist nach Marx die Praxis der Philosophie, die selbst theoretisch ist. Nicht Theorie, sondern Kritik ist die höchste Praxis – ein Standpunkt, den Marx mit den Junghegelianern teilt, die sich dabei zu Recht auf Hegel berufen konnten, der in einem Brief an Niethammer geschrieben hatte: »Die theoretische Arbeit, überzeuge ich mich täglich, bringt mehr in der Welt zustande als die praktische; ist erst das Reich der Vorstellungen revolutioniert, so hält die Wirklichkeit nicht aus.«[15] 3. Auf der psychologischen Reflexionsstufe des Verhältnisses von Denken und Willen, die nicht voneinander getrennt, sondern wesentlich identisch sind, wobei sich nach Hegel das Denken durch die Bestimmtheit und Freiheit seiner selbst als Wille hervorbringt. »Der Unterschied zwischen Denken und Willen ist nur der zwischen dem theoretischen und praktischen Verhalten, aber es sind nicht etwa zwei Vermögen, sondern der Wille ist eine besondere Weise des Denkens: das Denken als sich übersetzend in Dasein, als Trieb, sich Dasein zu geben.«[16] In diesem (Hegelschen) Sinne spricht der junge Marx von einem psychologischen Gesetz, wonach der in sich frei gewordene theoretische Geist zur praktischen Energie wird und, »als *Wille* aus dem Schattenreich des Amenthes heraustretend, sich gegen die weltliche, ohne ihn vorhandene Wirklichkeit kehrt«.[17] 4. Auf der anthropologischen Reflexionsstufe einer Neubewertung des Verhältnisses zwischen Vernunft und Leiden-

15 G. W. F. Hegel, *Briefe,* hrsg. von J. Hoffmeister, Bd. 1, Hamburg 1952, S. 253.

16 G. W. F. Hegel, *Grundlinien der Philosophie des Rechts,* § 4, Zusatz (*Werke,* Bd. 7, S. 50 f.).

17 *MEW,* Ergänzungsband I, S. 327.

schaft, oder, wie Marx mit Feuerbach sagt, von Kopf und Herz. Mit Feuerbach (und seinem Dissertationsobjekt Epikur, dem die Affekte neben den Sinneswahrnehmungen und Begriffen als Kriterien der Wahrheit gelten) betrachtet Marx die menschlichen Empfindungen und Leidenschaften nicht nur traditionellerweise als anthropologische Bestimmungen, sondern als »ontologische« Wesensbejahungen des Menschen und der Natur, der sich in ihnen als gegenständlich-leibhaftes Wesen weiß und findet.[18]

Es wäre eine eigene Aufgabe zu zeigen, wie sich im Entwicklungsgang des Marxschen Denkens durch eine Kombination dieser verschiedenen Reflexionsstufen auf dem Hintergrund einer nicht mehr philosophiegeschichtlich, sondern politisch und ökonomisch diagnostizierten Situation jenes Grundmodell einer Einheit von Theorie und Praxis herausgebildet hat, das nun allerdings in einem wichtigen Punkt das Hegelsche Modell hinter sich läßt und das von Hegel bereits veränderte Medium philosophischer Reflexion noch einmal verändert. Ich kann das hier nicht im einzelnen ausführen und beschränke mich darauf, im Anschluß an die zuletzt genannte Reflexionsstufe (die für den Entwicklungsgang des jungen Marx von besonderer Bedeutung gewesen ist) den Punkt zu bestimmen, an dem das Problem seine Umkippung erfährt. In den Vorarbeiten zur Doktordissertation kritisiert Marx das Votum für die Philosophie als praktische Person, die Intrigen mit der Welt spinnt, vom Standpunkt ihrer Bestimmung als in sich total gewordener Theorie. Im Unterschied zu den Junghegelianern, die Hegel nur partiell re-

18 Vgl. a.a.O., S. 562. Zu den Leidenschaften als Wahrheitskriterium bei Epikur vgl. Diogenes Laertius X, 31, von Marx zitiert in den Exzerpten zur Doktordissertation, a.a.O., S. 17.

formieren wollten[19], gewinnt Marx die Einsicht, daß der geforderte Übergang von der Theorie zur Praxis unter den von Hegel zu Ende gedachten Bestimmungen der absoluten Theorie nicht die Krise dieses Systems, sondern der Philosophie überhaupt zur Folge haben muß – weshalb er nicht ohne Grund neben die Richtung der Kritik und Tat, das Sich-nach-Außen-Wenden der Philosophie in der junghegelschen Schule, die Richtung der positiven Philosophie stellt, Schellings Versuch also, nach Hegel einen neuen Anfang des Philosophierens zu machen und den Nichtbegriff der Philosophie, das Moment begriffloser Realität in die Reflexion mit aufzunehmen.[20] Allerdings vermag Marx diese Einsicht vorerst nicht näher zu begründen. Statt der Begründung bietet er eine Art Gleichnis an, das seine Distanz zu den Junghegelianern und zugleich die weitere Entfernung von der Hegelschen Philosophie umschreibt: »Die halben Gemüter haben in solchen Zeiten die umgekehrte Ansicht ganzer Feldherrn. Sie glauben durch Verminderung der Streitkräfte den Schaden wiederherstellen zu können [...], während Themistokles, als Athen Verwüstung drohte, die Athener bewog, es vollends zu verlassen und zur See, auf einem anderen Elemente ein neues Athen zu gründen.«[21]
Damit antizipiert Marx das Konzept einer Verwirklichung der Philosophie, das die Negation ihres traditionellen Anspruchs auf Selbstbegründung und Selbsterfüllung in sich schließt. Nicht mehr die Philosophie als Theorie, sondern sie als praktische Person wird zum Spiritus der weltgeschichtlichen Entwicklung. Das »andere Element« ist die Praxis und das »neue Athen« eine ganz neue Art

19 Vgl. dazu K. Löwith, *Von Hegel zu Nietzsche*, Zürich-Stuttgart ³1953, S. 108.
20 *MEW*, Ergänzungsband I, S. 328 f.
21 A.a.O., S. 217.

von Philosophie, die im traditionellen Sinne keine mehr ist und sein will. Sie ist Theorie mit dem Primat der Praxis, und das heißt genauer: der Priorität der Leidenschaft vor der Vernunft, des Interesses vor der Erkenntnis. Solange die Praxis der Philosophie selber theoretisch, nämlich Kritik im Stile der Junghegelianer bleibt, wird sie nach Marx stets nur auflösen können, was selber theoretischer Natur ist: das Reich der Vorstellungen, deren Wirklichkeit sich der auflösenden Kraft der Kritik überlegen erweist und insofern die »praktische« Auflösung fordert.[22] Die praktische Auflösung, die revolutionäre Negation der bestehenden Welt, muß an ein Element der Praxis anknüpfen, um überhaupt in sie eingreifen zu können, und das ist für Marx die Leidenschaft als meta-theoretische Instanz, genauer die Leidenschaft der Emanzipation, die aus dem Leiden an Gewalt und Unterdrückung ihren Anstoß, durch kritische Reflexion ihre Aufklärung und in der Aktion ihre Rechtfertigung findet. Marx hat diese verschiedenen Schritte nicht streng auseinandergehalten, wie er überhaupt das Schema von Vernunft und Leidenschaft, von Kopf und Herz nicht näher begründet, sondern von Feuerbach übernimmt und als anthropologisch gegeben voraussetzt. Die Kritik, die mit der Wirklichkeit im Kampf steht und nicht mehr mit Hegel auf ihre Nichtigkeit, das Nichtaushaltenkönnen vor der Macht des Begriffs hofft, ist keine Leidenschaft des Kopfes, nicht blinder revolutionärer Dezisionismus; aber sie ist, wie Marx es in der *Einleitung zur Kritik der Hegelschen Rechtsphilosophie* ausdrückt, allerdings der »Kopf der Leidenschaft«.[23] Von hier aus hat Marx die Verständigung

22 Vgl. J. Habermas, *Zur philosophischen Diskussion um Marx und den Marxismus*, in: *Theorie und Praxis*, Neuwied–Berlin 1963, S. 278 f.

23 *MEW*, Bd. 1, S. 380; vgl. S. 343.

des denkenden mit dem leidenden Teil der Menschheit gefordert und das Schema von Vernunft und Leidenschaft auf das Verhältnis von Philosophie und Proletariat übertragen, um beide mit dem Problem von Theorie und Praxis zu identifizieren. »Wie die Philosophie im Proletariat ihre *materiellen*, so findet das Proletariat in der Philosophie seine *geistigen* Waffen, und sobald der Blitz des Gedankens gründlich in diesen naiven Volksboden eingeschlagen ist, wird sich die Emanzipation [...] vollziehn [...] Der *Kopf* dieser Emanzipation ist die *Philosophie*, ihr *Herz* das *Proletariat*. Die Philosophie kann sich nicht verwirklichen ohne die Aufhebung des Proletariats, das Proletariat kann sich nicht aufheben ohne die Verwirklichung der Philosophie.«[24]

Mit diesen Formeln entwirft Marx jenes Grundmodell einer Theorie-Praxis-Einheit, in dem Philosophie, anders als bei Plato und der ihm folgenden Tradition der praktischen Philosophie, *mit Politik zusammenfällt und insofern sich als Philosophie im klassischen, bis hin zu Hegel geltenden Sinne aufhebt*. Denn bei Plato fallen Philosophie und Politik, Theorie und Praxis erst zusammen, nachdem der Philosoph um der Theorie willen die Sphäre des Politischen überschritten hat, um dann zu ihr zurückzukehren und jene normativen Maßstäbe der Ideen anzulegen, deren Ursprung ausdrücklich als der den menschlichen Angelegenheiten fremdeste und unbekannteste definiert ist. Marx beendet diese Tradition, indem er sich umgekehrt von *der Philosophie abwendet*, um sie auf der Basis ihrer »Negation« *in der Politik durch die Revolution des Proletariats zu verwirklichen.*[25] Unter diesem politi-

24 *MEW*, Bd. 1, S. 391.
25 Vgl. H. Arendt, *Fragwürdige Traditionsbestände im politischen Denken der Gegenwart*, Frankfurt a. M. o. J., S. 10.

schen Aspekt des Theorie-Praxis-Problems hat die eingangs zitierte These über Feuerbach, wonach die Philosophen die Welt nur verschieden interpretiert hätten, ihre Berechtigung, ja sie erhält unter ihm erst ihre zentrale Relevanz. Aber der politische Aspekt ist nicht der einzige und vielleicht nicht einmal der wichtigste Aspekt, unter dem jenes Problem in der Anknüpfung an Hegel im Denken von Marx erscheint. Das von ihm entworfene Grundmodell einer neuen Einheit von Theorie und Praxis besteht, strukturell gesehen, eigentlich aus zwei Modellen: dem soeben skizzierten *politischen Modell des Kampfes und der Emanzipation*, das Marx in der *Einleitung zur Kritik der Hegelschen Rechtsphilosophie* (1843/44) im Grundriß entwirft, und dem *ökonomischen Modell der Arbeit und der Produktion*, das er im Anschluß an diese Schrift durch das Studium der Nationalökonomie und in einer Wiederaufnahme seiner Hegelkritik, die sich nunmehr von der Rechtsphilosophie auf die Phänomenologie des Geistes und die Dialektik verlagert, in den *Pariser Manuskripten* (1844) entwickelt. Aus der Verbindung dieser beiden Modelle entsteht nicht nur die Konzeption des historischen (»praktischen«) Materialismus, sondern jener Begriff der Arbeit als zentraler Kategorie der menschlichen Praxis, der seine Voraussetzung und Grundlage ist. Der Arbeitsbegriff hat aber, wie Marx gesteht, seine wesentliche Prägung und Ausbildung in Hegels Philosophie erfahren, die sich ihrerseits bereits kritisch mit der Tradition der praktischen Philosophie in der bei Aristoteles begründeten Gestalt und zugleich mit einer der Grundwissenschaften der modernen Welt, mit der *Nationalökonomie*, auseinandergesetzt hat.

II

In der Einteilung der Philosophie gibt es seit Aristoteles ja nicht nur die Grundunterscheidung von Theorie und Praxis, sondern eine zweite, welche die Theorie der letzteren, die praktische Philosophie selber betrifft: die Unterscheidung zwischen Praxis und Poiesis oder von Handeln und Arbeit. Während das Kriterium der ersten Unterscheidung genau fixiert werden kann, ist es für die Unterscheidung zwischen Praxis und Poiesis weit schwieriger zu bestimmen. Im wesentlichen lassen sich zwei Gesichtspunkte herausheben. Der erste wird gewissermaßen von der Sache selbst her nahegebracht. Alle menschlichen Tätigkeiten zerfallen in zwei Klassen, in solche, die auf ein außer ihnen gelegenes Telos, das Herstellen eines Werks (ἔϱγον) gerichtet sind, und in solche, die ihr Telos in sich selbst haben und insofern ständiger Tätigkeitsvollzug (ἐνέϱγεια) oder Handlung (πϱᾶξις) sind. Die Tätigkeiten stehen untereinander in einem bestimmten Verhältnis: so hat die Tätigkeit des Werkzeugmachers das Werkzeug zum Telos, das zum Herstellen dient (ποιητικόν), das hergestellte Werk aber kann seinerseits Telos einer Tätigkeit sein, die es zum Werkzeug des Handelns (πϱακτικόν) macht. Alle Werke sind dem menschlichen Leben untergeordnet, das seinerseits eine Tätigkeit ist, die ihr Telos in sich selber hat: ὁ δὲ βίος πϱᾶξις, οὐ ποίησις, ἐστιν.[26]
Die menschlichen Strebungen und Zwecke sind aber nicht nur einander nicht gleichwertig, sondern Aristoteles entwickelt eine hierarchische Ordnung der Tätigkeiten, wonach das Handeln *über* der Arbeit steht und die Höchstformen des Handelns *politische Tätigkeit oder Politik und Philosophie* sind.[27] Hier tritt zu dem in der Sache ge-

26 *Pol.* I 4, 1254 a 1-7.

gründeten Gesichtspunkt als zweites Unterscheidungsmerkmal hinzu die herrschaftlich-politische Qualifikation des Praxisbegriffs. Das Vermögen zu handeln – nach Aristotelischer Ansicht ein Vorzug des Freien – beschließt sich im Vorgang des ethisch-politischen Handelns selbst, in dem sich Vorsatz und Haltung des Handelnden zeigt, während das Arbeiten oder Herstellen – die Tätigkeit des Unfreien – auf ein vom Vorgang der Verrichtung ablösbares Werk zielt. Gegenstand und Richtung der Praxis ist die Polis, ihr Ziel die praktisch kluge Leitung der in ihr lebenden Menschen; Richtung der Poiesis hingegen ist die Natur, die Bearbeitung äußerer Gegenstände zum Zwecke des Gebrauchs, den der Freie davon macht. Aus dieser Unterordnung der Poiesis unter die Praxis erklärt sich, weshalb bei Aristoteles und in der ihm folgenden Tradition die Theorie der Arbeit im wesentlichen ein Appendix der praktischen (ethisch-politischen) Philosophie bleibt und sich nicht zu einem eigenen, dem dritten Teil des philosophischen Systems (neben der theoretischen und praktischen Philosophie), entfaltet. Diese Lücke, die noch das Kantische System offen ließ, hat Hegel bemerkt und in seiner Philosophie des Geistes zu schließen versucht.

In einer zunächst höchst unzeitmäßig erscheinenden Rückwendung zu Aristoteles übernimmt Hegel dessen Lehre über das Verhältnis von Praxis und Poiesis, wobei er vorerst weit davon entfernt ist, seine Architektonik, wie das die modernen englischen Theoretiker der Nationalökonomie getan hatten, umkehren zu wollen. Bei Adam Smith wird das Handeln der Politiker und Krieger, das nach klassischer Ansicht die Polis erhält, zu einer unproduktiven, wertlosen Tätigkeit herabgesetzt und der Arbeit untergeordnet, weil es sich nicht in einem Werk, das heißt

27 *Pol.* I 4, 1254 a 7; I 7, 1255 b 37.

einem dauerhaften Gegenstand oder einer Ware, realisiert. Für Hegel dagegen bleibt die Aristotelische Architektonik nicht nur als solche in Geltung, sondern sie bildet den Horizont seiner Aneignung der Nationalökonomie und des Gesellschaftsaufbaus in seinen ersten Systementwürfen zur praktischen Philosophie. So erschöpft sich im Naturrechtsaufsatz die Tätigkeit des »Standes der Freien« oder des absolut-sittlichen Standes nicht in einzelnen, bestimmten Produkten, sondern geht auf das »Sein und die Erhaltung des Ganzen der sittlichen Organisation«, als dessen »lebendige Bewegung und [...] göttliche[r] Selbstgenuß« sie sich darstellt.[28] Damit paraphrasiert Hegel die Aristotelische Lehre vom Vorrang der Praxis, deren Zweck reine Bewegung (κίνησις) und Tätigkeit (ἐνέργεια) und nicht die Bestimmtheit eines Produktes (ἔργον) ist.[29] An diesem Schema findet zunächst der Begriff des Geistes seine Erläuterung, der eben diese in sich zurückkehrende (»immanente«) Bewegung des sittlichen Handelns zum Ausdruck bringt. »Der Geist des Volkes«, heißt es in den Jenaer Vorlesungen von 1803/04, »muß sich ewig zum *Werk* werden, oder er ist nur als ein ewiges Werden zum Geiste.«[30] *Aber zu diesem Am-Werk-Sein des Geistes in einem Volk* gehört für Hegel auch jene Tätigkeit, die jeweils ein Werk aus sich entläßt, – Arbeit im modernen Sinne der Auseinandersetzung mit der Natur, in der die Bewegung sich übersteigt und im Werk zum Stehen kommt. So weist er dem Stand der Unfreien, »dessen Arbeit auf die Einzelheit geht«, eine – wenn auch untergeordnete – Stellung *innerhalb* der sich organisierenden

28 G. W. F. Hegel, *Über die wissenschaftlichen Behandlungsarten des Naturrechts, (NR) Werke*, Bd. 1, S. 494 f.

29 Vgl. Aristoteles, *Met.* IX 6, 1048 b 18-36; 8, 1050 a 21-31.

30 G. W. F. Hegel, *Jenenser Realphilosophie*, hrsg. von J. Hoffmeister, Bd. 1, Leipzig 1932, S. 232.

Sittlichkeit an, die nach Hegels Ansicht notwendig »geteilt« erscheint – »in einen Theil, welcher absolut in die Indifferenz aufgenommen ist [die Praxis der Bürger, deren Werk das politische, die Polis erhaltende Tätigsein selbst ist, M. R.], und in einen, worin das Reelle als solches bestehend, also relativ identisch ist (die Poiesis der Sklaven, Handwerker usf., die ein Produkt aus sich entläßt) und nur den Widerschein der absoluten Sittlichkeit in sich trägt«.[31]

Über diese Disposition geht Hegel dadurch hinaus, daß er die Sphäre der Arbeit von ihrer herkömmlichen Einschränkung befreit. Das geschieht in den Vorlesungen der Jenaer Zeit, wo Arbeit, zusammen mit Sprache und Handeln (Anerkennung), als zentrales Moment in der Konstitution des Geistes auftritt. Der Geist kann nicht, wie noch der Naturrechtsaufsatz unterstellt,[32] mit der »sittlichen Natur« und diese mit der Institution eines »Volkes« identifiziert werden, in der er sich selbst reflektiert und die Natur im Medium der intellektuellen Anschauung in sich zurücknimmt, sondern es kommt darauf an, die Zurücknahme selber noch einmal zu reflektieren, um so den Prozeß der »Bildung« des Geistes zum Thema zu machen. Weil Hegel erkennt, daß dieser Bildungsprozeß an die Auseinandersetzung mit der Natur gebunden ist und sich nicht im sittlichen Handeln erschöpft, wird ihm »Arbeit« zum Problem der praktischen Philosophie. Er entwirft die Grundzüge einer Theorie der Arbeit und gibt damit jenem Teil der Philosophie ein eigenes Gewicht, dessen Behandlung unter dem Namen der Poietik seit Aristoteles

31 G. W. F. Hegel, *NR*, S. 494; vgl. dazu meinen Aufsatz: *Objektiver Geist und praktische Philosophie*, in: *Studien zu Hegels Rechtsphilosophie*, Frankfurt a. M. in: 1969, S. 11 ff.

32 G. W. F. Hegel, *NR*, S. 509 f.; ferner *Glaube und Wissen*, a.a.O., S. 424.

keinen Schritt vorwärts gekommen war. Die neue Poietik ist das Resultat einer Verbindung zwischen Nationalökonomie und transzendentalem Idealismus, – eine Verbindung, die zugleich den Ansatz des Problems von Theorie und Praxis einschneidend verändert.
Im Gegensatz zur philosophischen Tradition beschränkt Hegel das praktische Verhalten weder auf den Begriff des mitmenschlichen Handelns noch, wie Kant und Fichte, auf das innere Handeln der moralischen Subjektivität, die nur ihre eigene Sinnlichkeit sich gegenüber hat, sondern bezieht es in die Dimension der Auseinandersetzung von Mensch und Natur oder – in transzendentalphilosophischer Verallgemeinerung ausgedrückt – Subjekt und Objekt, Ich und Nicht-Ich ein. Die neue Deutung des Arbeitsbegriffs nimmt ihren Ausgang vom Begriff des transzendentalen Ich, den die *Kritik der reinen Vernunft* im Gedanken der ursprünglich synthetischen Einheit der Apperzeption entwickelt – dem »Ich denke«, welches alle meine Vorstellungen begleiten können muß. Dessen Funktion sieht Hegel freilich nicht mit den Augen von Kant, sondern von Fichte, der die Spontaneität dieses Begleitens und ihre die Einheit der möglichen Erfahrung stiftende Leistung als »Tathandlung« interpretierte und damit das Verhältnis von Arbeit und Handeln auf eine neue Grundlage stellte. Mit Fichte hält sich Hegel an die Handlungen des »Subjekts« der Transzendentalphilosophie und seine Erzeugungen; der Sinn des Geistes und seiner Erfahrung bestimmt sich von der Selbstaufstufung des als Tätigkeit begriffenen Subjekts her und nicht mehr von den Voraussetzungen der Substanzontologie, die seit Descartes zu jenem endlosen Widerstreit führen, der auch in der Kantischen Schule keine Lösung gefunden hat: ob die Materie oder die Form, das Ding oder das Ich, das Subjekt oder das Objekt selbständiges Bestehen hätten. Diese einander

ausschließenden Bestimmungen sind zwar einerseits aus der Destruktion der klassisch-aristotelischen Metaphysik hervorgegangen, aber dem Banne des metaphysischen Prinzips selber, der Voraussetzung eines selbständigen oder unselbständigen, tätigen oder passiven Seienden vermochten sie nicht zu entgehen. Bestimmungen dieser Art sind für Hegel Abstraktionen, die nicht nur den Bildungsprozeß des Geistes, sondern seinen »Begriff« verfehlen: Einheit dieser Gegensätze zu sein. Über einen solchen »unvernünftigen Streit« der Philosophen sei, wie Hegel bemerkt, »eigentlich nichts Vernünftiges zu sagen«. Der Realist behaupte die Passivität der Form, des Bewußtseins, der Idealist vindiziere sie der Materie, dem Sein. In Wahrheit aber, »eigentlich«, drehe sich der Streit um »die in sich selber streitende Potenz der Mitte, worin nämlich zugleich die Bestimmtheiten als solche und das Bezogensein, beide als Eins und als unterschieden gesetzt sind‹.[33] Hegel denkt die zwei Seiten des Gegensatzes nicht in ihrem Gegensatze, sondern als Einheit der Gegensätze, diese aber auf der Basis des transzendentalen Ich-Begriffs, der die starren Prädikate der Metaphysik in sich auflöst und verflüssigt. Denn dieses Bewußtsein ist selbst nicht jene gleichsam natürliche Einheit des »Ich denke«, das die Bewegung der Vorstellungen »begleitet«, sondern als der alles Vorstellen konstituierende Begriff selbst in einer Bewegung, die Hegel als seine Geschichte, als Vermittlung des Ich oder Bewußtseins (»Begriff«) mit dem Anderen in den Mitten von Sprache, Werkzeug und Werk darstellt.[34] Die Arbeit – Auseinandersetzung des Subjekts mit dem Gegenstand und seine Vergegenständlichung im Werk – wird bei Hegel zu einem Moment in der Vermittlungsgeschichte des Bewußtseins, und das Werk – als Werkzeug

33 G. W. F. Hegel, *Jenenser Realphilosophie*, Bd. 1, S. 214 f.
34 A.a.O., S. 213.

und Besitz – zu jener Mitte zwischen den Gegensätzen von Form und Materie, Subjekt und Objekt, Tätigem und Passivem, an der sich das Bewußtsein – selbst Mitte in dem Prozeß der Auseinandersetzung – organisiert und »bildet«. Arbeit und Bildung gehören zusammen.

Damit kehrt Hegel das Fundament der praktischen Philosophie um. Er löst die Aporie, die in ihrer Bestimmung des Verhältnisses von Arbeit und Handeln verborgen war und die sich etwa so umschreiben läßt: wenn die Tätigkeit (ἐνέργεια) im Tätigen als seine eigene Betätigung ist – im Falle der ethisch-politischen Praxis –, kann sie sich nicht vergegenständlichen – wenn andererseits die Tätigkeit vergegenständlicht ist, ist sie nicht im Tätigen, sondern in seinem Werk, in dem sie zugleich erlischt. Nach dem Aristotelischen Modell der Poiesis gibt es zwischen der Arbeit und dem Arbeitenden keinen Rückbezug, nicht jene Koppelung und oszillierende Bewegung zwischen Arbeiter und Werk, zwischen Subjekt und Objekt, die Hegels Begriff der Arbeit als Bildung ausdrückt. Der Grund für diesen Mangel liegt in jener von Aristoteles entwickelten und bis zum Beginn der modernen Welt gesellschaftlich in Geltung gebliebenen Normierung menschlichen Tätigseins, wonach das Handeln der Arbeit überlegen ist. Das praktisch kluge Handeln ist vollkommener, weil es in seinem Vollzug die Vollkommenheit des Handelnden zeigt, während das Arbeiten, das die Form an den Stoff gleichsam verliert, eben deshalb nicht zur Vollkommenheit des Arbeitenden führen kann. Was die Poiesis in der technisch-praktischen Auseinandersetzung mit der Natur herstellt, dient nicht dem Herstellenden als Herstellenden, etwa dazu, daß er im Prozeß seines Tuns der Einsicht in die menschlichen Angelegenheiten teilhaftig würde, sondern dem Gebrauch, den die Praxis davon macht. Auf diesem Gebrauch aber – und das heißt zugleich: auf das dem Herstellenden per regulas entzogene Vermögen der Phronesis, der praktischen Klugheit – ist das Modell der antik-mittelalterlichen oder – in der Terminologie der Sozialgeschichte ausgedrückt – der agrarisch-handwerklichen Gesellschaft aufgebaut, das Hegel mit seiner Analyse des Arbeitsprozesses der Nationalökonomie destruiert. Das neue Modell, das er an die Stelle des alten setzt, beruht auf der durch die Transzendentalphilosophie veränderten begrifflichen Grundlage, die sich in Hegels Kategorie der *Entäußerung* zusammenfaßt. Der Prozeß der Arbeit ist, nicht anders als die Verrichtung der Poiesis, Auseinandersetzung mit der Natur, Formierung der Dinge. Aber diese begreift Hegel nicht als Übertragung einer dem Arbeitenden selbst äußeren Form auf eine äußere Materie, sondern *als dessen eigene Entäußerung*, und zwar in zweifacher Weise: einmal als Entäußerung der Begierde, die dem Einzelnen »innerlich eingewurzelt« und insofern ein Allgemeines ist, und zum anderen als Entäußerung der in gleicher Weise »innerlichen« Form, nämlich des Bewußtseins. Arbeit definiert Hegel als »Sich-zum-Dinge-Machen des Bewußtseins«[35], in der es die subjektive Form verliert, um sie auf höherer Stufe – in der Objektivierung des Werks – zu gewinnen, das heißt anzuschauen.

Auf dieser Grundlage hat Hegel in jenem berühmten Kapitel der *Phänomenologie des Geistes* die Dialektik von Herrschaft und Knechtschaft entwickelt, die als die Dialektik von Arbeit und Handeln und zugleich als eine Dialektik des theoretischen und praktischen Bewußtseins betrachtet werden kann. Für Hegel muß sich die Herrschaft des Herrn über den Knecht gerade deshalb auflösen, weil sie an ein Handeln geknüpft ist, das kein Produkt aus sich entläßt. Allerdings kommen die Strukturmomente des im

35 G. W. F. Hegel, *Jenenser Realphilosophie*, hrsg. von J. Hoffmeister, Bd. 2, Leipzig 1931, S. 214.

klassischen Sinne politischen Handelns in diesem Kapitel nicht mehr vor. Das *Gut-Leben* wird nämlich nicht als Gebrauch, sondern als *Genuß* interpretiert, womit Hegel den Ausgangspunkt seines eigenen Modells – den Zusammenhang von Begierde und Arbeit – in das aristotelische zurückübersetzt. So kommt es, daß nach Hegel auf der Seite des Herrn gerade jenes Moment ein Mangel ist, der nach dem klassischen Modell die Überlegenheit des Handelns über das Arbeiten begründete: die Nichtvergegenständlichung in einem Produkt. Die Ansicht, daß dem Knecht die »Seite der unwesentlichen Beziehung auf das Ding« zugefallen sei, weil es in der Arbeit seine Selbständigkeit behält, erweist sich der dialektischen Analyse als Schein. Während dem Herrn der Gegenstand im Genuß verschwindet, wird dem Knecht die negative Beziehung auf ihn »zur Form desselben und zu einem *Bleibenden;* weil eben dem Arbeitenden der Gegenstand Selbständigkeit hat«.[36] Die Arbeit ist nicht mehr im bearbeiteten Gegenstand erloschen, sondern permanente Bewegung zwischen Begierde und Gegenstand, – »negative Mitte« oder »formierendes Tun«, das dem Arbeitenden genau so immanent ist wie nach klassischer Ansicht das Handeln dem Handelnden: »Diese *negative* Mitte oder das formierende *Tun* ist zugleich die Einzelheit oder das reine Fürsichsein des Bewußtseins, welches nun in der Arbeit außer es in das Element des Bleibens tritt; das arbeitende Bewußtsein kommt also hierdurch zur Anschauung des selbständigen Seins, *als seiner selbst.«* Der Weg der Bildung und Selbstfindung des Geistes führt nicht über das theoretische Bewußtsein des Herrn, das passiv, im Modus der Anschauung und des Genusses auf den Gegenstand bezogen bleibt, sondern über das praktische des Knechts, der

36 G. W. F. Hegel, *Phänomenologie des Geistes, Werke,* Bd. 2, S. 156.

ihn durch das formierende Tun verändert und damit sich selber ändert; die Anschauung des selbständigen Seins als seiner selbst verdankt sich der praktischen Veränderung des Gegenstandes, seiner Vergegenständlichung in der Arbeit. – »Die Form wird dadurch, daß sie *hinausgesetzt* wird, ihm nicht ein Anderes als es; denn eben sie ist sein reines Fürsichsein, das ihm darin zur Wahrheit wird. Es wird also durch dieses Wiederfinden seiner durch sich selbst *eigener Sinn,* gerade in der Arbeit, worin es nur *fremder Sinn* zu sein schien.«[37]

Von hier aus gewinnt die eben so viel erörterte wie heftig umstrittene Frage von Hegels Einfluß auf Marx ihre eigene Dringlichkeit und ein ganz neues Gewicht. In den *Pariser Manuskripten* hat Marx in jenem berühmten Diktum bekannt, das Große an der Hegelschen Phänomenologie bestehe darin, daß Hegel die Selbsterzeugung des Menschen »als einen Prozeß faßt, die Vergegenständlichung als Entgegenständlichung, als Entäußerung und als Aufheben dieser Entäußerung; daß er also das Wesen der *Arbeit* und den gegenständlichen Menschen [...] als Resultat seiner *eigenen Arbeit* begreift [...] Hegel steht auf dem Standpunkt der modernen Nationalökonomen. Er erfaßt die *Arbeit* als das Wesen, als das sich bewährende Wesen des Menschen«.[38] In der Tat kann man sagen, daß Hegel die Theorie der Arbeit von ihren traditionell-philosophischen Einschränkungen befreit und damit die Voraussetzung für jenen Praxisbegriff geschaffen hat, von dem der historische Materialismus ausgeht. Sein Grundmodell ist die bei Hegel beschriebene Dialektik von Herrschaft und Knechtschaft, in dem die beiden genannten Modelle der von Marx entwickelten Theorie-Praxis-Einheit im Kern angelegt sind. Jedenfalls hat Marx in den *Pariser*

37 A.a.O., S. 157.

38 *MEW*, Ergänzungsband I, S. 574.

Manuskripten, trotz seines kritischen Einwands, daß Hegel nur die positive Seite der Arbeit, nicht ihre negative sehe und sie allein als geistige (sprich: theoretische) kenne und anerkenne, die dialektischen Muster des Herr-Knecht-Verhältnisses, einschließlich der in ihm enthaltenen Neubestimmung des Verhältnisses von Theorie und Praxis für die von ihm entwickelte Interpretation der Arbeit als des Wesens der menschlichen Praxis übernommen. Die Beziehung von Arbeiter, Gegenstand und Eigentümer des Gegenstands umfaßt nach Marx dieselben Momente, die auch in Hegels Analyse auftreten: einmal daß alles, was bei dem Arbeiter als *Tätigkeit* der Entäußerung, der Entfremdung, bei dem Nichtarbeiter als *Zustand* erscheint; zum anderen, daß das »wirkliche, *praktische* Verhalten des Arbeiters in der Produktion und zum Produkt [...] bei dem ihm gegenüberstehenden Nichtarbeiter als *theoretisches* Verhalten erscheint«, und schließlich, daß der »Nichtarbeiter alles gegen den Arbeiter tut, was dieser gegen sich selbst tut, aber er tut nicht gegen sich selbst, was er gegen den Arbeiter tut«[39].

Freilich: das Herr-Knecht-Verhältnis bezieht sich für Marx weder auf eine partikulare Gestalt des Geistes (die Bildungsgeschichte des Selbstbewußtseins) noch auf eine geschichtliche Epoche, die der Gründung der Staaten vorhergeht und deren Schatten lediglich auf die antike Polis (und die außereuropäische Völkerwelt) fällt, sondern betrifft den Gesamtprozeß der menschlichen Gattungsgeschichte, der in der modernen Welt, auf dem Boden der zuerst von Hegel als eigene Geschichtsformation erkannten bürgerlichen Gesellschaft seinem Kulminations- und Endpunkt zutreibt. Um diesen Prozeß und seine Peripetie beschreiben zu können, radikalisiert Marx die Hegel-

39 A.a.O., S. 522.

sche Problemstellung, indem er den Akt der Entfremdung der »negativen Mitte« der Arbeit entspringen läßt. Im Unterschied zu Hegel geht Marx davon aus, daß die »ganze menschliche Knechtschaft in dem Verhältnis des Arbeiters zur Produktion involviert ist und alle Knechtschaftsverhältnisse nur Modifikationen und Konsequenzen dieses Verhältnisses sind«[40]. Die Beziehung von Herr und Knecht, die nach Hegel aus dem Kampf um die wechselseitige Anerkennung, und das heißt auch hier noch: aus der Willensbewegung des kommunikativen Handelns resultiert, hat nach Marx ihren Grund in jener Bewegung der Arbeit, in welcher der Arbeiter unter der sachlichen Gewalt der Produktion zu sich selbst, seinem Produkt und zu dessen Eigentümer immer schon in einem »entfremdeten« Verhältnis steht. Der bearbeitete und vom Nichtarbeiter angeeignete Gegenstand hat sich im Arbeitsprozeß der modernen Gesellschaft verselbständigt; er enthält für Marx *beide* Verhältnisse, – *»das Verhältnis des Arbeiters zur Arbeit* und zum *Produkt seiner Arbeit* und zum *Nichtarbeiter* und das Verhältnis des *Nichtarbeiters zum Arbeiter* und dem *Produkt seiner Arbeit«*.[41] Es ist nicht zuletzt die Folge dieser Verlagerung des Hegelschen Modells von der »Ungegenständlichkeit« einer Willensbewegung – des kommunikativen Handelns – auf die gegenständliche Seite des Arbeits- und Produktionsprozesses, wenn Marx in den *Pariser Manuskripten* die zuerst von Hegel hergestellte Verbindung zwischen Philosophie und Nationalökonomie gegen die Philosophie selbst wendet, die trotz dieser Verbindung die gegenständlichen Implikationen des modernen Arbeitsprozesses nicht zu erfassen vermag. Die Arbeit ist bei Hegel die Grundfigur der Philosophie des Geistes, in der die Gegenständlichkeit der

40 A.a.O., S. 521.
41 Vgl. a.a.O., S. 522.

Natur für den Menschen gerade deshalb überwunden ist, weil ihr die Entfremdung und Entäußerung als seine »zweite Natur« gilt. Die Arbeit des Geistes, dessen Erscheinungs- und Bildungsgeschichte die Hegelsche Phänomenologie zum Thema hat, ist das *»Fürsichwerden des Menschen* innerhalb der *Entäußerung* oder als *entäußerter* Mensch«.[42] In Übereinstimmung mit der traditionell-philosophischen Konzeption vom Primat der Theorie identifiziert Hegel das Wesen des Menschen mit dem »Bewußtsein« und »Selbstbewußtsein«, das sich zu Welt und Natur im Modus des Wissens, der abstrakt »geistigen« Arbeit verhält. Die Arbeit des Geistes bleibt, nicht anders als die Bewegung des Willens und Bewußtseins, dem Geist immanent[43], so daß Hegel die Verbindung von Philosophie und Nationalökonomie nicht als Bruch mit der Tradition, sondern als Lösung der von ihr hinterlassenen Aporie und als Ergänzung und Vollendung des philosophischen Systems begreift. Für Marx hingegen liegt genau hier der Punkt, an dem er das Arbeitsmodell der Nationalökonomie gegen die Philosophie kehrt, die in Hegel ihre Prinzipien zusammengefaßt und sich insofern vollendet hat. Damit wird sich die Philosophie ihrer eigenen Voraussetzungen und Fundamente bewußt, – der Theorie als Gestalt der Entäußerung und des in ihr entäußerten Menschen, dessen einziger Akt und gegenständliches Verhalten das Wissen ist: »Was also überhaupt das *Wesen* der Philosophie bildet, die *Entäußerung des sich wissen-*

42 A.a.O., S. 574.

43 Das ist die Basis von Marx' Kritik an Hegels *Phänomenologie des Geistes;* vgl. a.a.O., S. 575: »Die Hauptsache ist, daß der Gegenstand des Bewußtseins nichts anderes als das *Selbstbewußtsein* oder daß der Gegenstand nur das *vergegenständlichte Selbstbewußtsein,* das Selbstbewußtsein als Gegenstand ist (Setzen des Menschen = Selbstbewußtsein).«

den Menschen oder die sich *denkende entäußerte* Wissenschaft, dies erfaßt Hegel als ihr Wesen, und er kann daher der vorhergehenden Philosophie gegenüber ihre einzelnen Momente zusammenfassen und seine Philosophie als *die* Philosophie darstellen. Was die andern Philosophen taten – daß sie einzelne Momente der Natur und des menschlichen Lebens als Momente des Selbstbewußtseins und zwar des abstrakten Selbstbewußtseins fassen –, das weiß Hegel als das *Tun* der Philosophie. Darum ist seine Wissenschaft absolut.«[44]

So kommt es auch hier, im Bereich des ökonomischen Modells der Arbeit und Produktion, zu jenem bemerkenswerten Vorgang, daß Marx auf der Grundlage einer von Hegel eröffneten Problemstellung die Philosophie in eine Konstellation bringt, in der sie als Philosophie sich aufhebt. Wie in der *Einleitung zur Kritik der Hegelschen Rechtsphilosophie* das Proletariat, so ist in den *Pariser Manuskripten* die Arbeit das meta-theoretische Element der Praxis, das Philosophie im Hegelschen Sinne nicht mehr zu durchdringen vermag. In der Gegenständlichkeit der Arbeit, ihrer Angewiesenheit auf Natur, findet Marx den archimedischen Punkt, an dem er die Kategorien der Nationalökonomie gegen die Philosophie kehrt und die von Hegel geknüpfte Verbindung wieder auseinanderreißt. Das Wesen des Menschen gründet nicht in der Ungegenständlichkeit des Geistes oder eines »Bewußtseins überhaupt«, sondern im gegenständlichen Sein der Natur, in der er sich durch seine Tätigkeit vergegenständlicht. Erst damit tritt an die Stelle der Hegelschen Indifferenz jenes Modell einer *Identität von Arbeit und Handeln, in dem statt der Praxis die Poiesis den Grundcharakter des Lebens ausmacht:* ὁ δὲ βίος ποίησις, οὐ πρᾶξις, ἐστιν. Die Arbeit

44 A.a.O., S. 574 f.

ist nicht nur die »einzige Substanz der Produkte« und ihre »Natur«[45], sondern das »produktive Leben« als Gattungsleben des Menschen: »Es ist das Leben erzeugende Leben. In der Art der Lebenstätigkeit liegt der ganze Charakter einer species, ihr Gattungscharakter, und die freie bewußte Tätigkeit ist der Gattungscharakter des Menschen.«[46] Die Form der Allgemeinheit und Bewußtheit gewinnt der Mensch weder in der Politik noch in der Philosophie, sondern in der »Bearbeitung einer gegenständlichen Welt«, – der *Arbeit als der höchsten Praxis*, der Marx die Theorie und jenes im engeren Sinne »Praxis« genannte politische Handeln unterordnet. So bestimmt sich das Selbstverständnis des Menschen im ganzen von jenen Elementen her, welche die Grundlage der modernen Arbeitsgesellschaft bilden: der *Naturwissenschaft* und *Industrie*, die Marx beide als das »theoretische und praktische Verhalten zur Natur« auslegt und mit der gesellschaftlich-geschichtlichen Welt als der Hervorbringung des Menschen zusammendenkt.[47]

Mit dieser Neubestimmung des Verhältnisses von Theorie, Praxis und Poiesis, in der sich die endgültige und unüberholbare Umkehr einer jahrhundertealten Begriffsregulierung vollzieht, ist aber nicht, wie Marx angenommen hat, die Philosophie an ihr Ende gekommen – sie hat durch sie nur ihre theoretische Unbefangenheit und eine beschränkte Erkenntniseinstellung verloren und jene Architektonik der Trennungen und Differenzen zerbrochen, die bereits dem

45 K. Marx, *Grundrisse zur Kritik der politischen Ökonomie*, Berlin 1953, S. 506 f.

46 K. Marx, *Ökonomisch-philosophische Manuskripte*, *MEW*, Ergänzungsband I, S. 516; vgl. dazu E. Vollrath, *Wahrheit und Arbeit*, in: *Archiv für Rechts- und Sozialphilosophie*, Bd. LV/2 (1969), S. 240 f.

47 Vgl. M. Riedel, *Theorie und Praxis im Denken Hegels*, Stuttgart 1965, S. 128 ff. u. S. 221.

jungen Hegel an der Schwelle zur modernen Welt der industriell-bürgerlichen Gesellschaft mit der Erfahrung der ökonomischen und politischen Revolution im neueren Europa unverträglich schien. Es ist nicht zuletzt das Ergebnis jener wechselseitigen Beziehung von Theorie und Praxis auf der einen, von Praxis und Poiesis auf der anderen Seite, wenn die gegenwärtige Philosophie das gesamte soziale und kulturelle Milieu des Menschen, seine Lebenswelt, die Geschichte seiner Institutionen und nicht zuletzt ihn selbst unter dem Gesichtspunkt der Arbeit als jener spezifischen Form der menschlichen Praxis auffaßt, die erst von Hegel und Marx entdeckt worden ist, – eine Entdeckung, die das Medium philosophischer Reflexion von Grund auf verändert hat und die wir wohl terminologisch präzisieren, aber nicht wieder vergessen oder verdrängen können.

Fortschritt und Dialektik in Hegels Geschichtsphilosophie[1]

I

In der Einleitung zu den *Vorlesungen über Philosophie der Geschichte* definiert Hegel in einer lapidaren, ihren Grundriß und Aufbau vorzeichnenden Wendung die Weltgeschichte als den »Fortschritt im Bewußtsein der Freiheit«. Und er fügt hinzu: »[...] ein Fortschritt, den wir in seiner Notwendigkeit zu erkennen haben.« Thema der Vorlesungen ist also die Erkenntnis der Notwendigkeit des Fortschritts in der Weltgeschichte – die Geschichtsphilosophie enthält in ihrem Kern eine Theorie des Fortschritts, deren Bezugspunkt und Leitfaden die Idee der Freiheit ist. Es gibt wohl kaum einen zweiten Satz der Hegelschen Philosophie, der so viel zitiert und so gründlich mißverstanden worden ist wie dieser geschichtsphilosophische Grundsatz – mit Ausnahme jener berühmtberüchtigten doppeldeutigen Formel aus der *Vorrede* zur *Rechtsphilosophie*, daß alles, was wirklich ist, vernünftig, und alles, was vernünftig ist, wirklich sei. Die Wirkungsgeschichte beider Sätze, über deren Zusammengehörigkeit im folgenden noch zu sprechen sein wird, ist ein eindrucksvolles Beispiel dafür, daß Mißverständnisse und Fehldeutungen philosophischer Sätze nicht nur der scheinbaren Dunkelheit, sondern auch der Klarheit entspringen können, in der sie formuliert sind.

In der Tat: was kann für eine Zeit wie das 19. Jahrhun-

1 Vortrag, gehalten zum VII. Internationalen Hegel-Kongreß, Paris 1969.

dert, das in Technik und Wissenschaft und in der mit ihr verbundenen Naturbeherrschung weiter fortgeschritten ist als alle Jahrhunderte zuvor, überzeugender sein als die Hegelsche Geschichtsformel vom Fortschritt im Bewußtsein der Freiheit? Und wenn nach Hegel die Aufgabe der Geschichtsphilosophie in der Erkenntnis der *Notwendigkeit* jenes Fortschritts besteht – war dann nicht dasselbe intendiert, was die positivistischen Schulen des 19. Jahrhunderts forderten: für den vor aller Augen liegenden geschichtlichen Fortschritt ein Gesetz der regelmäßigen Sukzession von Stadien oder Epochen der Weltgeschichte zu entdecken, das den Gang der Ereignisse und ihre Entwicklungstendenzen bestimmen soll? Wie Turgot im 18. und Comte im 19. Jahrhundert, so hatte auch Hegel im Anschluß an jene Definition eine Art Drei-Stadien-Gesetz der Weltgeschichte formuliert, das er ihrem Bauplan zugrunde legte: die zeitliche Abfolge von orientalischer, griechisch-römischer und germanischer oder moderner Welt nach einer Regel der Freiheit, wonach erst *einer*, dann *einige* und schließlich *alle* frei sind. In dieser Idee einer Progression der Freiheit schien sich Hegel ganz jenem Fortschrittsoptimismus seines Zeitalters anzunähern, der die bürgerliche Gesellschaft, in welcher die Freiheit aller erreicht war, für die beste aller möglichen Welten hielt. Die Theodizee erfährt eine Ausdehnung, von der Leibniz nicht einmal träumen konnte. Das Negative in der Welt, bei Leibniz ein Übel des Einzelnen, ist durch die Erkenntnis des Affirmativen, der Progression des gesellschaftlichen Ganzen gerechtfertigt: der Fortschritt in der Geschichte ist kein Schein und keine Täuschung, der Weltgeist lügt nicht.

Das Mißverständliche der Hegelschen Formel besteht aber nicht so sehr darin, daß sie für den Gang der Weltgeschichte eine quantitative Progression der Freiheit anzunehmen scheint, sondern in dem Umstand, daß sie ihn am Fortschreiten der Zeit bemißt, d. h. von dem letzten Schritt die vorhergehenden als notwendig zu ihm hinführend zurückkonstruiert. Die Orientierung an der zeitlichen Abfolge »setzt voraus, daß in der Weltgeschichte nur gilt, was *folgenreich* ist, daß die Aufeinanderfolge der Weltereignisse nach der Vernunft des *Erfolges* zu bewerten ist«.[2] In dieser Bewertung des Erfolgs, der die Darwinsche Entwicklungstheorie in der zweiten Hälfte des 19. Jahrhunderts auf dem Gebiet der Natur einen festen Rückhalt gab, liegt der Grund, weshalb die Hegelsche Fortschrittskonzeption so populär werden konnte. Sie hat dem Bürgertum, das im Kampf mit den feudalen Herrschaftsgewalten nach dem ›Recht des Stärkeren‹ als Sieger hervorgegangen war, auch dann noch ein gutes Gewissen verschafft, als mit der Entfesselung der industriellen Produktivkräfte das Proletariat als sein weltgeschichtlicher Gegenspieler auf den Plan trat. Damit wird freilich die Idee des Fortschritts im Bewußtsein der Freiheit für das bürgerliche Bewußtsein zur Fortschrittsideologie. Unter dem Einfluß der darwinistischen Entwicklungslehre und der positivistischen Soziologie löst sich die Geschichte in einen linearen Naturprozeß auf, der dem historischen Subjekt seine eigene Rolle und den Sinn seiner Tätigkeit verhüllt.[3] Der Fortschritt zieht sich gewissermaßen auf sich selbst zurück und wird zur Tatsache, mit der es zu rechnen gilt, oder zu einem Gesetz, dem man sich beugen muß.

Es gehört zu den Paradoxien in der Geschichte des

2 Vgl. K. Löwith, *Von Hegel zu Nietzsche*, 3. Aufl., Zürich 1953, S. 238.

3 G. Lukács, *Geschichte und Klassenbewußtsein*, Berlin 1923, S. 215. Vgl. dazu M. Merleau-Ponty, *Die Abenteuer der Dialektik*, Frankfurt am Main 1968, S. 44 f.

19. Jahrhunderts, daß dieser fetischisierte Fortschrittsbegriff von der sozialistischen Theorie übernommen worden ist. Die Einbruchsstelle liegt in Friedrich Engels' Interpretation der Hegelschen Geschichtsphilosophie in seiner Schrift *Ludwig Feuerbach und der Ausgang der klassischen deutschen Philosophie* (1888). In Übereinstimmung mit Hegel erkennt Engels einen wesentlichen Unterschied in der Entwicklung von Natur und Gesellschaft an. Während in der Natur nur bewußtlose, blinde Agenzien aufeinander wirken und nichts als gewollter, bewußter Zweck geschieht, sind die Agenten in der Geschichte der Gesellschaft mit Bewußtsein begabte, mit Überlegung und Leidenschaft handelnde, auf bestimmte Zwecke hinarbeitende Menschen. Aber dieser Unterschied ändert nach Engels nichts an der »Tatsache«, daß der »Lauf der Geschichte« durch innere allgemeine »Gesetze« beherrscht ist, und es kommt nur darauf an, jene Gesetze zu entdecken.[4] An die Stelle der Idee eines Fortschritts im Bewußtsein der Freiheit tritt auch hier die im Grunde positivistische Theorie einer naturgeschichtlichen Entwicklung, in welcher der Fortschritt zum Gesetz wird, das die Handlungen der Menschen in der Zeit ebenso beherrscht wie die Bewegungen der Körper im Raum. Die Zeit ist der Raum der Geschichte, heißt es bei Marx.

Im Gefolge dieser Verstellung des Fortschrittsgedankens, die bis in unsere Zeit ihre Schatten wirft, ist der ursprüngliche Zusammenhang der Hegelschen Konzeption mit der Dialektik verlorengegangen. Es ist die Absicht meiner Ausführungen, diesen Zusammenhang durch eine Interpretation des Modells der geschichtlichen Bewegung und der ihr zugeordneten Zeitstruktur in Hegels Geschichtsphilosophie wiederherzustellen. Ich kann mich dabei auf das Zeugnis eines klassischen Dichters der Moderne beru-

4 *MEW*, Bd. 21, Berlin 1962, S. 296 f.

fen, der zugleich – eine wahrhaft singuläre Erscheinung unter seinen poetischen Zeitgenossen – ein glänzender Dialektiker und ein Liebhaber der Hegelschen Philosophie gewesen ist. Ich meine Bertolt Brecht, in dessen kürzlich aus dem Nachlaß publizierten Notizen zur Philosophie sich in bezug auf den »schneidigen Fortschrittsbegriff« der Sozialisten die ebenso knappe wie hintergründige Formulierung findet: »Dieser Begriff ›Fortschritt‹ hat große Annehmlichkeiten politischer Art, aber für den Begriff ›Dialektik‹ hat er nachteilige Folgen gehabt.«[5] Brecht demonstriert den Nachteil, ja die Absurdität einer auf universellen ›Gesetzen‹ beruhenden Theorie der Dialektik für die historische Praxis in der ihm eigenen Weise am Verhalten der Dialektiker gegenüber einem Einwand, der das Schema des linearen Fortschritts in die entgegengesetzte Richtung kehrt. »Die Anhänger dieser einfachen, aber begeisternden Auffassung«, schreibt Brecht, »verfallen, wenn man sie auf die Ähnlichkeit ihrer Auffassung mit der einiger Handleser, sie könnten die in der Handfläche gelesenen bevorstehenden Ereignisse jetzt nach ihrer Feststellung natürlich vereiteln, hinweist, in mürrisches und übelnehmerisches Gemurmel.« Es ist das gleiche hilflose Verhalten, das in den Platonischen Dialogen die Alles- und Besserwisser, die Sophisten überfällt, sobald sie mit ihren eigenen Waffen geschlagen werden. In Wirklichkeit ist die Dialektik keine universelle, Natur und Geschichte umfassende Gesetzeswissenschaft, sondern, wie Brecht formuliert, »eine Denkmethode oder vielmehr eine zusammenhängende Folge intelligibler Methoden, welche es gestattet, gewisse starre Vorstellungen aufzulösen und gegen herrschende Ideologien die Praxis geltend zu machen«.[6]

Ich möchte nachweisen, daß Hegels Theorie des Fort-

5 B. Brecht, *Schriften zur Politik und Gesellschaft*, hrsg. von W. Hecht, Bd. 1, Berlin 1968, S. 250.

6 A. a.O., S. 251.

schritts, im Unterschied zur späteren Fortschrittsideologie, diesen doppelten Gesichtspunkt der Dialektik zur Geltung bringt.

II

Bevor wir in den Beweisgang eintreten können, erscheint es ratsam, zunächst kurz die historischen Voraussetzungen anzugeben, unter denen die Hegelsche Geschichtsphilosophie entstanden ist. Denn die Geschichte des modernen Fortschrittsbegriffs, die im 16. Jahrhundert beginnt und zunächst kontinuierlich zu verlaufen scheint, führt im Zeitalter der Aufklärung zu einer *Reihe von Antinomien*, die der *Ausgangs- und Ansatzpunkt von Hegels dialektischer Begründung dieses Begriffs* gewesen sind. An ihrem Ursprung ist die moderne Fortschrittskonzeption das Emanzipationsideal des städtischen Handels- und Manufakturbürgertums. Sie entsteht mit dem Entwurf einer neuen Wissenschafts- und Handlungstheorie durch Bacon, Descartes, Hobbes und Leibniz, die nicht mehr, wie von der scholastisch-aristotelischen Philosophie vorausgesetzt, in einem obersten Gut oder höchsten Wissen ihr Ziel hat, sondern als prinzipiell offen und unabschließbar gedacht wird. Vorbild dieser Theorie ist die Naturwissenschaft, deren Konzept einer gleichförmigen und geradlinigen Bewegung die Abwesenheit von feststehenden Zwecken und Zielen in der Natur und die Priorität der Bewegung vor der Ruhe voraussetzt. Und wie die Wissenschaft von der Natur, so ist ihre praktische Folge, die Naturbeherrschung durch Arbeit und Handeln, nicht etwas Vollendetes und in sich abgeschlossenes, sondern ein Prozeß, der in die Zukunft fortschreitet.[7] Der Prozeßcharakter des Wissens und

7 Vgl. Bacon, *Novum Organon* (1620), I, 80-84.

Handelns greift nun auf die Grundbegriffe der Ethik und Anthropologie über. Hobbes ersetzt das *summum bonum* in den Büchern der alten Moralphilosophie durch ein *bonum*, das nicht, wie dieses, in der Vollendung und Ruhe, sondern im ruhelosen Fortschreiten von Wunscherfüllung zu Wunscherfüllung besteht.[8] Es ist das höchste Gut der im Entstehen begriffenen bürgerlichen Gesellschaft der Neuzeit, das ihren emanzipatorischen Anspruch auf Glück enthält. Die gleiche Idee hat Leibniz formuliert, der das Glück nicht als vollkommene Freude, sondern als ein beständiges Fortschreiten zu neuen Vollkommenheiten und neuen Freuden faßt.[9] Dieser Begriff des unendlichen Fortschritts wird der Aufklärung des 18. Jahrhunderts zum Schlüssel der Natur des Menschen *und* seiner Geschichte. Das Schlüsselwort, noch von Leibniz eingeführt, heißt *Perfektibilität*, das die traditionelle Naturteleologie mit deren eigenen Mitteln unterlaufen und den emanzipatorischen Anspruch des Bürgertums ontologisch legitimieren soll. Nach dieser Theorie, die den Fortschritt zu einer kosmischen Potenz erhebt, sind die Dinge nicht deshalb vollkommen, weil sie, wie es die Aristotelische Substanz- und Wesensontologie fordert, unveränderlich sind, sondern umgekehrt: ihre Veränderlichkeit ist der Grund dafür, daß sie, und zwar in einem höheren Sinne, vollkommen genannt werden können. Perfektion ist nur als Perfektibilität, d. h. als *Prozeß der Vervollkommnung* möglich. Indem hier der Fortschrittsgedanke seine weiteste Ausdehnung erreicht, entstehen jene Antinomien, die das geschichtsphilosophische Denken der Aufklärung durchziehen. Die *erste Antinomie* ist eine im Begriff selber, der auf der einen Seite ein Ziel – die Vollkommenheit aller

8 Hobbes, *Leviathan* (1651), I, 11.

9 Leibniz, *Vernunftprinzipien der Natur und der Gnade* (1714), § 18.

Dinge usf. – zu beinhalten scheint, auf der anderen aber dieses Ziel als prinzipiell unerreichbar vorstellt. Daraus ergibt sich eine *zweite Antinomie*, die bei der Anwendung des Begriffs entsteht. Man kann nämlich entweder davon ausgehen, daß die Annahme eines Fortschritts nur für das Individuum Sinn hat, oder umgekehrt beweisen wollen, daß nur die Gattung, das Menschengeschlecht das Ziel der Vervollkommnung zu erreichen vermag – eine Antinomie, die im 18. Jahrhundert auch literarisch, im Streit zwischen Mendelssohn und Lessing, ausgetragen worden ist.[10] Die *dritte Antinomie* scheint, formal gesehen, die Position der zweiten zu wiederholen, ist aber inhaltlich von ihr grundsätzlich unterschieden. Sie schließt sich an die Entdeckung der ökonomischen, kulturellen und politischen Widersprüche der bürgerlichen Gesellschaft durch Mandeville und Rousseau an, mit der das Emanzipationsideal in der zweiten Hälfte des 18. Jahrhunderts in seine kritische Phase tritt: die Ursache der gesellschaftlichen Perfektibilität ist nicht die Tugend, sondern das Laster, ihre Folge nicht die Gleichheit, sondern die Ungleichheit, ihre Voraussetzung nicht der Ausgleich, sondern der Antagonismus von Reichtum und Armut. Der Fortschrittsoptimismus der Frühaufklärung erweist sich als Illusion, die preisgegeben werden muß, um dem Begriff selber seine Anwendung zu sichern. Das geschieht bei Rousseau, für den alle Fortschritte über den Naturzustand des Menschengeschlechts hinaus ebenso viele Schritte zur Vervollkommnung der menschlichen Kultur und Vernunft wie zum Verfall der Gattung sind.[11] Kant hat genau umgekehrt geschlossen: der Gang

10 Vgl. Mendelssohn, *Jerusalem, Sämtliche Werke*, Bd. 5, Leipzig 1844, S. 120; Lessing, *Die Erziehung des Menschengeschlechts, Ges. Werke*, Bd. 8, Berlin 1956, S. 590 ff.

11 *Discours sur l'origine de l'inégalité parmi les hommes*, Œuvres choisies de J. J. Rousseau, Paris, o. J., S. 65.

des Menschen aus dem Naturzustand, ein Übergang aus der Rohigkeit eines bloß tierischen Geschöpfs in die Menschheit, bedeutet für die Gattung einen Fortschritt vom Besseren zum Schlechteren, nicht aber für das Individuum.[12]

Der entscheidende Gesichtspunkt der *dritten Antinomie* ist die Konzeption einer Dialektik des Fortschritts, die Rousseau und Kant entwickeln und beide zu jener Entdeckung geführt hat, an die Hegel unmittelbar anknüpft: zur Entdeckung der Geschichte, deren Bewegungsstruktur in sich dialektisch, eine Bewegung von Fortschritt und Rückkehr ist. Aber während Rousseau an einer Auflösung der Dialektik des Fortschritts auf dem Boden der bürgerlichen Gesellschaft und ihrer Kultur verzweifelt und das Modell des *Contrat social* im Blick auf eine der Natur noch unentfremdete Gesellschaftsformation entwirft, nimmt Kant diese Dialektik zum Ausgangspunkt einer Philosophie der Geschichte, die nichts mehr von jenen Erdichtungen kennt, welche die bisherigen Versuche auf diesem Felde zu einem eitlen und nutzlosen Spiele machten. Noch bei Rousseau, dem es damit weit ernster war, ist die Geschichte im Grunde ein philosophischer Roman, weshalb sich auch die Bewegung der Rückkehr von der eines Rückschritts nicht wesentlich unterscheidet. Kants Antwort auf Rousseau ist eine Theorie des Fortschritts als Entwicklung aller ursprünglichen Anlagen in der Menschengattung, welche den durch Erfahrung, a posteriori hinreichend bekannten Antagonismus der modernen bürgerlichen Gesellschaft, die ungesellige Geselligkeit des Menschen, zur Triebkraft der geschichtlichen Bewegung und zugleich, nach einem Leitfaden a priori, zur »Ursache einer gesetzmäßigen Ordnung derselben« erhebt. Das

12 Kant, *Mutmaßlicher Anfang der Menschengeschichte* (1786), Anmerkung zum 1. Abschnitt.

Emanzipationsideal findet seine Rechtfertigung durch den Nachweis eines regelmäßigen Ganges in den menschlichen Handlungen und ihrer möglichen Zusammenstimmung zu einer Gesellschaft, in welcher die Freiheit eines jeden mit der von jedermann nach einem allgemeinen Gesetz bestehen kann. »Das größte Problem der Menschengattung«, so lautet der 5. Satz von Kants *Idee zu einer allgemeinen Geschichte in weltbürgerlicher Absicht (1784)*, »zu dessen Auflösung die Natur ihn zwingt, ist die Erreichung einer allgemein das *Recht* verwaltenden bürgerlichen Gesellschaft.« Der Leitfaden a priori in der Kantischen Geschichtskonstruktion ist die im *Gedanken des Rechts verbürgte Freiheit* und nicht die Realisierung des höchsten Gutes oder der Tugend und des Glücks. Darauf beruht die Kopernikanische Wende in der Geschichtsphilosophie, die eine Abwendung von der älteren theologischen und ethisch-pädagogischen Geschichtsspekulation und die Zuwendung zur modernen bürgerlichen Gesellschaft und ihrer Geschichte bedeutet, die jetzt einer neuen, nichtmetaphysischen Theodizee bedarf. »Denn was hilft's«, ruft Kant aus, »die Herrlichkeit und Weisheit der Schöpfung im vernunftlosen Naturreiche zu preisen und der Betrachtung zu empfehlen, wenn der Teil des großen Schauplatzes der obersten Weisheit, der von allem diesem den Zweck enthält – die Geschichte des menschlichen Geschlechts –, ein unaufhörlicher Einwurf dagegen bleiben soll, dessen Anblick uns nötigt, unsere Augen von ihm mit Unwillen wegzuwenden und, indem wir verzweifeln, jemals darin eine vollendete vernünftige Absicht anzutreffen, uns dahin bringt, sie nur in einer anderen Welt zu hoffen?«[13]

13 *Akad.* VIII, S. 30.

III

Davon geht Hegel in seiner Geschichtsphilosophie aus, und es ist meine These, daß erst sie die Konsequenzen der Kopernikanischen Wende zu Ende denkt und jene Antinomien hinter sich läßt, welche die Theorie des Fortschritts im 18. Jahrhundert charakterisierten. Mit Kant ist Hegel der Auffassung, daß der Boden der Weltgeschichte nicht das Glück oder die Bildung zur Tugend und Humanität, sondern die Freiheit in ihrem Verhältnis zum Recht ist. Die Vorstellung eines Lessing und Herder von der »Erziehung des Menschengeschlechts« nennt Hegel »geistreich«, aber sie berührt ihm »nur in der Ferne das, wovon hier die Rede ist«.[14] Und mit Rousseau und Kant stimmt er darin überein, daß der Begriff der Perfektibilität für sich selbst unbefriedigend und in der Anwendung auf die Geschichte ohne Maßstab sei: »Das Fortschreiten hat überhaupt in diesen Vorstellungen die Form des Quantitativen. Immer mehr Kenntnisse, feinere Bildung, – lauter solche Komparative; darin läßt sich lange fortreden, ohne daß irgendeine Bestimmtheit angegeben, etwas Qualitatives ausgesprochen wird.«[15] Aber wichtiger als die Übereinstimmung ist der Unterschied, der zwischen der Kantischen und der Hegelschen Konzeption des Fortschritts in der Geschichte besteht. Ich fasse ihn in fünf Punkten zusammen, von denen der erste die entscheidende Differenz bezeichnet, die alles weitere bestimmt.

1. Im Unterschied zu Kant und seinen Vorgängern im 18. Jahrhundert ist für Hegel die Idee einer allgemein das Recht verwaltenden bürgerlichen Gesellschaft kein Postulat mehr, sondern die Wirklichkeit der modernen Welt,

14 Hegel, *Die Vernunft in der Geschichte*, S. 150. Vgl. *Philosophie des Rechts*, § 343, Anm., Jub. Ausg. Bd. 7, S. 447 f.

15 A.a.O., S. 150.

d. h. jenes Prinzip des »konstitutionellen« Staates, der in der Französischen Revolution die Freiheit aller als weltgeschichtliches Prinzip zur Geltung und Anerkennung bringt. Vor ihm ist die Antinomie des Fortschritts als eines Ziels der Geschichte, das sie zugleich nie erreichen soll, hinfällig geworden.

2. Während bei Kant der Prozeß des Fortschritts aus zwei Bestandstücken zusammengesetzt ist, einem Plan der Natur, der schon *vor* der Geschichte in seiner endgültigen Form existiert, und der menschlichen Natur mit ihren Leidenschaften als des Stoffes, in dem sich diese Form realisiert[16], verlegt ihn Hegel in die Geschichte selbst, die so als Fortschritt im Bewußtsein der Freiheit begreiflich wird. Für Hegel besteht das Problem der Geschichtsphilosophie überhaupt nicht darin, ob der Plan der Natur oder der göttlichen Vorsehung eingesehen und als apriorischer Leitfaden einer der empirischen Geschichte äußerlich bleibenden Betrachtung benutzt werden kann, sondern darin, ob der Einmaligkeit des geschichtlichen Verlaufs ein ihn rechtfertigender Sinn innewohnt – ein Problem, das seine Auflösung in der Dialektik von Zeit und Begriff findet, über die noch zu sprechen sein wird.

3. Im Gegensatz zu Kant und seinen Vorgängern im 18. Jahrhundert gibt es bei Hegel keine Kluft zwischen einer vernunftbeherrschten Zukunft und einer vernunftlosen Vergangenheit, weil ihm das Ziel des Fortschritts nicht in der Zukunft, sondern in der Gegenwart liegt[17], von der aus die Geschichte als Prozeß einer kontinuierlich fortschreitenden Entwicklung zurückkonstruiert wird. Darin liegt, wenn man so will, die Grenze, aber auch die Größe der Hegelschen Geschichtsphilosophie: die Legiti-

16 Ich gebrauche hier eine treffende Formulierung von R. G. Collingwood, *Philosophie der Geschichte*, Stuttgart 1955, S. 119.

17 Vgl. R. G. Collingwood, a.a.O., S. 111.

mation des Fortschritts in der Geschichte durch den Gedanken ihrer Kontinuität.

4. Während sich für Kant und seine Vorgänger die Geschichte als Fortschritt in der Antinomie des Verhältnisses von Individuum und Gattung bewegt, ist für Hegel dieses Verhältnis an ihm selbst und in bezug auf die Geschichte eine bloße Abstraktion; an ihm selbst, weil im Sich-Wissen des Individuums, seinem Ich-Bewußtsein zugleich die Gattung mitgedacht und »Ich = Wir« oder jenes ursprünglich synthetische Gesamtbewußtsein ist, das Hegel unter dem Titel des »Geistes« der Erklärung des geschichtlichen Fortschritts zugrunde legt, in dem beide, Individuum und Gattung, das Bewußtsein der Freiheit erlangen; in bezug auf die Geschichte, weil das *Individuum* in ihrem Element wesentlich »allgemeiner Natur«, nämlich ein je bestimmtes Volk, und die *Gattung* eine im strengen Sinne historische, nämlich jene Gestalt des Weltgeistes ist, die aus dem Prozeß der Völker und Staaten untereinander als ihre Geschichte hervorgeht.[18]

5. Obwohl Kant zur Beantwortung der Frage, ob das menschliche Geschlecht im beständigen Fortschreiten zum Besseren begriffen sei[19], für die *Zukunft* die einer Geschichte a priori erwägt, nach welcher der Geschichtserzähler die Begebenheiten selber *macht* und veranstaltet, die er im voraus verkündet, hat er für die *Gegenwart* und *Vergangenheit* den in dieser Idee gelegenen Gesichtspunkt der Praxis, der Rolle der schöpferischen Aktivität des Menschen in der Geschichte nicht ins Auge gefaßt: die Praxis wird durch den Plan der Natur gewissermaßen mediatisiert. Dagegen betrachtet Hegel, trotz seiner dem Kantischen Plan der Natur nicht unähnlichen Lehre von

18 Vgl. Hegel, *Philosophie des Rechts,* § 340, S. 446. *Enzyklopädie* § 548, Jub. Ausg. Bd. 10, S. 426 f.

19 Vgl. Kant, *Der Streit der Fakultäten* (1798), II, 1-10.

der List der Vernunft, die Geschichte, das Reich des Geistes, als Hervorbringung und Resultat der menschlichen Arbeit: »Das Reich des Geistes ist das, was von dem Menschen hervorgebracht wird. Man mag sich allerlei Vorstellungen vom Reiche Gottes machen, so ist es immer ein Reich des Geistes, das im Menschen realisiert und von ihm in die Existenz gesetzt werden soll.«[20] Der Fortschritt in der Geschichte ist im buchstäblichen Sinne vom Menschen erarbeitet worden: »In der Tat aber was wir sind, sind wir zugleich geschichtlich [...] Der Besitz an selbstbewußter Vernünftigkeit, welcher uns, der jetzigen Welt angehört, ist nicht unmittelbar entstanden und nur aus dem Boden der Gegenwart gewachsen, sondern ist dies wesentlich in ihm, eine Erbschaft und näher das Resultat der Arbeit, und zwar der Arbeit aller vorhergegangenen Generationen des Menschengeschlechts zu sein.«[21]

IV

Ich muß es mir an dieser Stelle versagen, die Punkte 2-5 näher zu diskutieren, und beschränke mich auf eine Erörterung von Punkt 1, der am besten geeignet ist, meine These zu Hegel als dem Vollender der von Kant eingeleiteten Kopernikanischen Wende in der Geschichtsphilosophie zu begründen. Zu diesem Zweck vergleiche ich das Verhältnis von Kant und Hegel zur Französischen Revolution – ein Vergleich, der nicht die äußere Stellungnahme, sondern den Stellenwert und die Bedeutung der Revolution für ihr geschichtsphilosophisches Denken herausheben soll. Während der 90er Jahre hat sich Kant be-

20 Hegel, *Vernunft in der Geschichte*, S. 50.

21 Hegel, *Vorlesungen über die Geschichte der Philosophie*, Bd. 1, Jub. Ausg. Bd. 17, S. 28.

müht, die Idee eines einheitlichen Fortschritts der Menschengattung, die er zunächst als eine bloße Absicht der Natur und als imaginäres Ziel der Geschichte gewissermaßen *neben* deren zeitlichen Verlauf hinstellte, zu diesem Verlauf in Beziehung zu setzen. In Analogie zum Problem des Schematismus in der *Kritik der reinen Vernunft*, wie die Anwendung bloßer Verstandesbegriffe auf Gegenstände möglicher Erfahrung zu denken sei, entsteht jetzt für die Geschichtsphilosophie das Problem, wie sich das in der Idee entworfene und durch Naturabsicht verbürgte Ziel der Geschichte zu ihrem wirklichen Geschehen verhält.

Dieses Problem der Schematisierung der Idee an der Erfahrung löst Kant mit seiner *Lehre vom Geschichtszeichen.* Das Problem besteht darin, eine historische Begebenheit aufzusuchen, die auf eine Beschaffenheit und ein Vermögen des Menschengeschlechts, Ursache von seinem Fortrücken zum Besseren zu sein, unbestimmt in *Ansehung der Zeit* hinweist, so daß man von hier aus auf die Möglichkeit einer Erreichung jenes geschichtlichen Ziels schließen kann – »welcher Schluß dann auch auf die Geschichte der vergangenen Zeit (daß es immer im Fortschritt gewesen sei) ausgedehnt werden könnte, doch so, daß jene Begebenheit nicht selbst als Ursache des letzteren, sondern nur als hindeutend, als *Geschichtszeichen* (signum rememorativum, demonstrativum, prognostikon) angesehen werden müsse [...]«[22] Dieses Geschichtszeichen ist für Kant – und hier beginnt erneut die Antinomie seiner Fortschrittstheorie – nicht die Französische Revolution, sondern die moralische Reaktion des an ihr nicht beteiligten, aber teilnehmenden Publikums. Vom Enthusiasmus und der erhabenen Rührung jener Zuschauer der Revolution hat auch Hegel in den Vorlesungen über Philosophie der Geschichte zu be-

22 Kant, *Streit der Fakultäten,* II, 5.

richten gewußt; aber das eigentliche Geschichtszeichen liegt für ihn im Geschehen der Französischen Revolution selbst, dem eine Bedeutung innewohnt, die nach vor- und rückwärts weist; nach vorwärts, weil jetzt, zum ersten Mal in der Geschichte, der Gedanke des Rechts und der Freiheit zum Grund der politischen Verfassung erhoben wurde, »auf welchem Grunde nunmehr alles basiert sein sollte«; und nach rückwärts, weil die Philosophie im Zeichen dieses Gedankens angetreten war, seitdem Anaxagoras die Vernunft zum Prinzip des Kosmos erhoben hatte. Gleichwohl: welch ein Sprung und Fortgang von der Vernunft als kosmischem Prinzip zur Vernunft als Prinzip der Geschichte! »Solange die Sonne am Firmamente steht«, heißt es bei Hegel zur Verdeutlichung jenes Fortgangs, »und die Planeten um sie herumkreisen, war das nicht gesehen worden, daß der Mensch sich auf den Kopf, das ist auf den Gedanken stellt und die Wirklichkeit nach diesem erbaut. Anaxagoras hatte zuerst gesagt, daß der νοῦς die Welt regiert; nun aber erst ist der Mensch dazu gekommen, zu erkennen, daß der Gedanke die geistige Wirklichkeit regieren sollte.«[23] Indem Hegel in dieser Weise die Französische Revolution selbst als Geschichtszeichen und als Verwirklichung des Rechts- und Freiheitsgedankens auffaßt, erhält das Kantische Problem der Schematisierung der Fortschrittsidee eine veränderte Lösung. Es ist die Dialektik von Zeit und Begriff, von Ich-Bewußtsein und Zeit, die Hegel an die Stelle jener Schematisierung setzt und womit seinem Denken der Durchbruch zur modernen Welt und dem auf ihrem Boden stattfindenden Prozeß der Geschichte gelingt.

Als Begebenheit in der Zeit geht der Französischen Revolution die Begebenheit der Freilegung der Fundamente

23 Hegel, *Vorlesungen über die Philosophie der Weltgeschichte*, Bd. 4, hrsg. von G. Lasson, Leipzig 1920, S. 926.

der Freiheit in der Philosophie voraus. Rousseau entdeckt im Gedanken des freien Willens die substantielle Grundlage alles Rechts und Kant im Gedanken des »Ich denke«, der transzendentalen Einheit des Bewußtseins, die oberste Bedingung aller Erfahrung und den Ursprung aller Denkbestimmungen. Die Zusammengehörigkeit beider Ereignisse ist die Grunderfahrung der Hegelschen Philosophie. Sie nimmt vom Gedanken des mit sich identischen Ich ihren Ausgang und gibt ihm zugleich eine Deutung, die von jener Erfahrung nicht weniger geprägt ist, als das in seiner Fortbildung bei Fichte und dem jungen Schelling der Fall sein mag. *Ich* ist keine leere Einheit, sondern, nach dem systematischen Aufbau des Begriffs, die Einheit dreier in sich unterschiedener Momente: erstens – und das ist der Sinn des »Ich denke« bei Kant – die reine sich auf sich beziehende Einheit, die durch die Abstraktion von allem Inhalt in die Freiheit der schrankenlosen Gleichheit mit sich selbst zurückgeht und sich als *Allgemeinheit* bestimmt; zweitens das absolute Bestimmtsein, welches sich anderem gegenüberstellt und es ausschließt, *Einzelnheit* oder individuelle Persönlichkeit; und drittens die absolute Allgemeinheit, die ebenso unmittelbar absolute Vereinzelung ist – die konkrete Struktur des Ich, die Hegel mit der Struktur des Begriffs gleichsetzt: Allgemeines und Einzelnes in einem zu sein.[24] »Geist« ist die dialektische Entfaltung dieser Struktur zu jenem Gesamtbewußtsein, das Hegel zur Erklärung der gesellschaftlich-geschichtlichen Welt und ihrer Veränderungen benutzt. Aber nicht erst der Begriff des »Geistes« enthält die Beziehung auf die Zeit, sondern – und das ist der entscheidende Schritt über Kant und die gesamte bisherige Philosophie hinaus – der Begriff des Begriffs, das Ich. Während bei Kant jenes »Ich

24 Hegel, *Wissenschaft der Logik*, 2. Teil, Leipzig 1951, S. 219.

denke«, das den zeitlichen Vorstellungsablauf begleiten können muß, selbst *außer* der Zeit bleibt, ist für Hegel das Ich wesentlich in der Zeit: »Ich ist in der Zeit, und die Zeit ist das Sein des Subjekts selber.«[25] Das Ich bestimmt sich jedoch nicht aus seinem Verhältnis zur Zeit, sondern umgekehrt die Zeit aus ihrem Verhältnis zum Ich oder Begriff: Die Zeit ist der »daseiende Begriff selbst«[26] oder, wie Hegel es ausdrückt, »dasselbe Prinzip als das Ich = Ich des reinen Selbstbewußtseins«. In der Dialektik von Ich und Zeit vollzieht sich der Durchbruch des Systems zur Geschichte. Es entfällt das Problem der Schematisierung, mit dem Kant die Kryptomythologie der dogmatischen Metaphysik und die ihr entsprechenden widersinnigen Geschichtsthesen des moralischen *Terrorismus*[27] – das menschliche Geschlecht befinde sich im kontinuierlichen Rückgang zum Ärgeren –, des *Eudämonismus* – das menschliche Geschlecht sei im beständigen Fortgang zum Besseren – und des *Abderitismus* – das menschliche Geschlecht befinde sich im ewigen Stillstand, geschäftige Torheit ist der Charakter unserer Gattung – zu überwinden versuchte.

Die dialektische Beziehung des Ich auf die Zeit ermöglicht es, in der Geschichte denselben Zusammenhang und dieselbe Einheit aufzuweisen, die Kant für die Erfahrung der Natur zur Geltung gebracht hatte. Das Ich ist keine leere Tafel, auf welche die Zeit ihre wirren Striche zieht, es ist auch nicht mehr, wie jenen dogmatischen Geschichtsvorstellungen und zum Teil noch dem Kantischen Geschichtsentwurf, der gleichgültige und selbstlose Durchgangs-

25 Hegel, *Ästhetik*, 3. Teil, Jub. Ausg. Bd. 14, S. 151.

26 Hegel, Enzyklopädie, § 258 Anm., Jub. Ausg. Bd. 9, S. 258, *Phänomenologie des Geistes*, Jub. Ausg. Bd. 2, S. 44 und 612.

27 Vgl. Kant, *Streit der Fakultäten*, II, 3, a-c.

punkt sich kreuzender Begebenheiten und Meinungen[28], sondern die Einheit von Zeit und Geschichte und in ihr sich selbst gegenwärtig. Diese Gegenwärtigkeit des Ich nennt Hegel seine Freiheit. Die Zeit ist dasselbe Prinzip wie das Ich = Ich des reinen Selbstbewußtseins, aber das reine Selbstbewußtsein ist zugleich das Prinzip der Freiheit.[29]

Auf dieser Dialektik von Ich, Zeit und Freiheit, welche die Grunderfahrung der Hegelschen Philosophie in ihr System einbringt, beruht die Interpretation der Geschichte am Leitfaden der Idee des Fortschritts im Bewußtsein der Freiheit. Das Vernunftideal der bürgerlichen Gesellschaft, das in der geschichtlichen Begebenheit der Französischen Revolution verwirklicht worden ist, kann jetzt durch die Wirklichkeit der geschehenen Geschichte gerechtfertigt werden. Darin sehe ich die Vollendung der Kopernikanischen Wende in der Geschichtsphilosophie, die Kant eingeleitet hatte. Die Rechtfertigung aus einem Zeichen des zeitlichen Geschehens bedeutet jedoch nicht, daß Hegel, indem er den Fortschritt am Maßstab der Aufeinanderfolge der Weltereignisse nach der Vernunft des Erfolgs bemißt, die Geschichte in einen linearen Prozeß auflöst. Das Gegenteil ist der Fall. Wenn das Vernunftideal der bürgerlichen Gesellschaft, wie bei Hegel vorausgesetzt, im Staat wirklich und die gesellschaftlich-geschichtliche Wirklichkeit in der modernen Welt vernünftig geworden ist, dann verdankt sich das Bewußtsein der Freiheit nicht mehr der einsinnigen Bewegung des Fortschritts, sondern der doppelsinnigen von Fortschritt und Rückkehr. Um es paradox auszudrücken: der wahre Fortschritt, seine Vollendung ist die Rückkehr – womit die Hegelsche Theorie

28 Vgl. W. Dilthey, *Das Leben Schleiermachers*, Bd. II, 2, Göttingen–Berlin 1966, S. 538.

29 Hegel, *Enzyklopädie*, § 258 Anm., Jub. Ausg. Bd. 9, S. 79.

den Systembegriff des Geistes einlöst, der im Anderen seiner selbst bei sich oder frei ist: »Die Vernunft erkennt das Wahrhafte, an und für sich Seiende, das keine Beschränkung hat. Der Begriff des Geistes ist Rückkehr in sich selbst, sich zum Gegenstand zu machen; also ist das Fortschreiten kein Unbestimmtes ins Unendliche, sondern es ist ein Zweck da, nämlich die Rückkehr in sich selber.«[30] Die Struktur der Rückkehr besagt weder, daß der Fortschritt in der Geschichte an sein Ende gelangt sei – das wird von Hegel gerade ausgeschlossen, da die Verwirklichung der Freiheit als das Ziel der Weltgeschichte, geographisch gesehen, nur in einem Winkel der Welt und erst »seit gestern« erreicht ist –[31], noch setzt sie voraus, daß die geschichtliche Bewegung eine vergangene Gesellschaftsform – im Sinne der zeitgenössischen Restaurationsversuche oder der älteren, bis hin zu Vico geltenden Kreislauftheorie der politischen Verfassungen – wiederholen könnte. Den Kult des Mittelalters in der romantischen Staatstheorie lehnt Hegel ab; er nennt es eine »Abgeschmacktheit unserer Zeit, die Vortrefflichkeit desselben zum Schlagwort machen zu wollen«.[32] Zwar stellt er zwischen der eigenen Zeit und der spätrömischen Kaiserzeit einige strukturelle Gemeinsamkeiten fest, aber er ist weit davon entfernt, sie zu jener »großen Parallele« einer historischen Verfallszeit zusammenzuziehen, die in der konservativen Geschichtstheorie des 19. Jahrhunderts von Karl Vollgraff bis Ernst von Lasaulx und Jakob Burckhardt und dann bei Spengler eine bedeutende Rolle spielen sollte.

Der Fortschritt bleibt so unumkehrbar wie die geschicht-

30 Hegel, *Die Vernunft in der Geschichte*, S. 181. Vgl. auch a.a.O., S. 58, 65, 67, 70 ff.

31 Vgl. Hegel, *Philosophie des Rechts*, § 62 Anm.

32 Hegel, *Philosophie der Weltgeschichte*, Bd. 4, S. 840.

liche Bewegung, der er immanent ist. Das heißt jedoch nicht, daß er geradlinig, in der unmittelbaren, gegensatzlosen Weise eines Naturprozesses verläuft. Jeder Fortschritt ist, wie alle Veränderung in der Geschichte, eine Einheit widersprüchlicher Momente, von Sein und Nichts, von Entstehen und Vergehen, von Fort- und Untergang. Mit Entschiedenheit wendet sich Hegel dagegen, daß die Veränderung als ein allmählicher, bruchloser Vorgang zu denken sei: »Das Begreiflichmachen eines Entstehens oder Vergehens aus der Allmählichkeit der Veränderung hat die der Tautologie eigene Langweiligkeit; es hat das Entstehende oder Vergehende schon vorher ganz fertig und macht die Veränderung zu einer bloßen Änderung eines äußeren Unterschieds, wodurch sie in der Tat nur eine Tautologie ist.«[33] So sind es vornehmlich die Knoten- und Wendepunkte der geschichtlichen Bewegung, die Perioden der Entzweiung von Zeit und Ich, in denen sich der Fortschritt vollzieht. In solchen Perioden stimmt der Geist eines Individuums oder eines Volkes nicht mit seiner Verfassung und die Verfassung nicht mit dem Geist überein. Hier lassen sich *drei Modelle des Fortschritts* unterscheiden, die nach Hegel in der Geschichte gleichermaßen auftreten und gleich notwendig und berechtigt sind: das Modell der *Revolution,* der *Reform* und schließlich – als die ultima ratio des Weltgeistes – das *Ausscheiden eines Volkes aus der Kette der geschichtlich progressiven Völker:* »Ist ihm das Ansich nicht mehr wahr, was ihm seine Konstitution noch als das Wahre ausspricht, – sein Bewußtsein oder Begriff und seine Realität verschieden: so ist der Volksgeist ein zerrissenes, geteiltes Wesen. Es treten zwei Fälle ein. Das Volk zerschlägt durch einen inneren gewaltsameren Ausbruch dies Recht, das noch gelten soll,

33 Hegel, *Logik,* Jub. Ausg. Bd. 4, S. 461. Vgl. R. Garaudy, *Gott ist tot. Eine Studie über Hegel,* Berlin 1965, S. 386 f.

oder ändert auch ruhiger und langsamer dasjenige, was noch als Recht gilt, das Gesetz, das nicht mehr wahre Sitte ist, worüber der Geist hinaus ist. Oder (und darin besteht das dritte Modell) es hat den Verstand und die Kraft nicht dazu, sondern bleibt bei dem niedrigeren Gesetze stehen; ein anderes Volk hat seine höhere Konstitution erreicht, es ist hierdurch ein vortrefflicheres Volk, – und jenes erste hört gegen es auf, ein Volk zu sein, und muß ihm unterliegen.«[34] Das dritte Modell enthält jene »erscheinende Dialektik« der endlichen Volksgeister, die als der wirkliche Verlauf der Weltgeschichte am Schluß der *Rechtsphilosophie* auftritt. Hier hat die Philosophie der Geschichte ihren systematischen Ort, von dem man sich Rechenschaft geben muß, wenn man Sinn und Bedeutung der von Kant eingeleiteten methodischen Wende im Hinblick auf die Einheit von System und Geschichte bei Hegel verstehen will.

Auf der Spitze ihrer Vollendung fällt die allgemeine Idee des Staates in Hegels Darstellung zu der Besonderheit der »vielen Staaten« herab, die sich im Spiele der Geschichte gegenüberstehen. Der Staat der modernen Welt, der sich zur bürgerlichen Gesellschaft im Verhältnis der Differenz befindet und deren innere Differenzen in sich ausgleicht, ist nicht der politische Statusbegriff der Tradition, nicht bewegungs- und geschichtsloses Natur- oder Vertragsmodell der klassischen Politik und des neuzeitlichen Naturrechts, sondern über ihm steht – als eine neue Instanz der praktischen Philosophie – die *Geschichte,* in der das »sittliche Ganze selbst, die Selbständigkeit des Staats der Zufälligkeit ausgesetzt wird« (§ 340). Die Geschichte, die Hegel am Ende des Systems der *Rechtsphilosophie* einführt, ist die Wirklichkeit jener Idee des Naturzustandes,

34 Hegel, *Vorlesungen über die Geschichte der Philosophie,* Bd. 2, Jub. Ausg. Bd. 18, S. 276 f.

welche die Naturrechtslehre von Hobbes bis Rousseau an den Anfang ihrer Systeme setzt. Die Bewegung, die bei ihnen vom Naturzustand zur bürgerlichen Gesellschaft verläuft und in deren Identität mit dem Staat zum Stillstand kommt, beginnt bei Hegel, wenn der Staat sich nicht mehr auf die bürgerliche Gesellschaft, sondern auf *andere Staaten* bezieht. Dieser Naturzustand ist ein wirklicher und kein fiktiver Zustand, die Bewegung der Geschichte, welche die *Rechtsphilosophie* in ihre Systematik aufnimmt und womit sie sich von der abstrakten Naturtheorie des Rechts und der Gesellschaft löst. Das Element des Daseins des »allgemeinen Geistes«, von dem die Selbstentfaltung des Rechtsbegriffs ausgeht und in dem sie endet, ist in der Weltgeschichte die »geistige Wirklichkeit«, in der die »Natur« des Menschen und der Dinge nicht ein unverrückbares *Gesetz*, sondern der von Hegel als *Freiheit* gedachte Begriff ist, der sich »in ihrem ganzen Umfange von Innerlichkeit und Äußerlichkeit« vollbringt. In der Dialektik dieser Bewegung, die mit dem Ende des rechtsphilosophischen Systems und dem Anfang der Philosophie der Geschichte zusammenfällt, sind Zeit, Begriff und Freiheit vereinigt. Die Geschichte als der Fortschritt im Bewußtsein der Freiheit ist die Rechtfertigung jener Freiheit, die im Verfassungsstaat der modernen Welt ihre Wirklichkeit hat.

V

Daraus erklärt sich die Ungeheuerlichkeit des Anspruchs, den die Hegelsche Geschichtsphilosophie erhebt. Ihr Thema und Gegenstand ist nicht mehr die nach einem Leitfaden a priori abgefaßte Idee einer möglichen Geschichte, die an dem zeitlichen Verlauf ein nur geringes Interesse nimmt, sondern die Geschichte selbst, die es als Realität zu begreifen gilt. Dieser Anspruch wird nicht erst seit heute als illusorisch abgewiesen, und ich bin weit davon entfernt, ihn mit den Mitteln und in der Attitüde eines orthodoxen Hegelianers verteidigen zu wollen. Wenn ich gleichwohl zu seiner Apologie abschließend eine Bemerkung machen möchte, dann vor allem deshalb, um die Diskreditierungen des emanzipatorisch-kritischen Geschichtsbegriffs in jenen modernen Schulen des Strukturalismus, des Positivismus und der geisteswissenschaftlichen Hermeneutik in Frage zu stellen, die sich – in einer seltenen Übereinstimmung – dem Zeitalter einer Nachgeschichte nahe wähnen. Tatsächlich läßt sich der Anspruch, den Hegels dialektische Geschichtsinterpretation erhebt, auf dieselbe Formel reduzieren, mit der Lévi-Strauss[35] das Problem von Sartres Kritik der dialektischen Vernunft umschrieben hat: Unter welchen Bedingungen ist der Mythos der Französischen Revolution möglich? Aber man kann – was bei Sartre vielleicht schwieriger ist – aus Hegels Philosophie ein Kriterium gewinnen, das die Identifikation von Geschichte und Mythos unmöglich macht, und ich bin der Auffassung, daß dieses Kriterium in der von Hegel hergestellten Beziehungen des Begriffs oder des Ich auf die Zeit besteht. Wie die Struktur der Zeit notwendig die des Ich voraussetzt, so setzt das Ich die Zeit voraus: die Revolution ist im strengen Sinne *Ereignis in der Zeit, ein Geschichtszeichen,* das *als solches einen Fortschritt und nicht die Wiederholung derselben Struktur bedeutet.* Während die klassische Politik – und damit deute ich die philosophiegeschichtliche Dimension an, in der m. E. das Problem von Mythos und Geschichte diskutiert werden müßte – entweder auf den Mythos (wie

35 Vgl. *La pensée sauvage,* Paris 1962, dtsch. Ausg. Frankfurt am Main 1968, S. 292.

Plato an dem Übergang von der *Politeia* zur Kosmologie des *Timaios* und seiner Lehre vom regelmäßig wiederkehrenden Umschwung der Zeit) oder auf eine mythische Archäologie mit zyklischer Zeitstruktur (wie Aristoteles im I. Buch der *Politik*) zurückgriff, um das Sein der Polis zu befestigen, und während das moderne Naturrecht in der Lehre vom Naturzustand aus der Geschichte eine Fiktion, einen philosophischen Roman machte, um das Werden des Staates als bürgerlicher Gesellschaft noch im Staate stillstellen zu können – es hat eine Geschichte gegeben, aber es gibt keine mehr –, läßt Hegel den Systementwurf der *Rechtsphilosophie* mit dem *Ausblick auf die Geschichte* als der Realität von bürgerlicher Gesellschaft und Staat enden – einer Realität, vor der sie »nur als Ideelles sind«.[36] Die in der Geschichte erscheinende Dialektik ist eine der Rechtfertigung, gewiß – aber sie ist auch eine der Überwindung. *Nur die Gegenwart ist*, hat Hegel gesagt[37], *das Vor und Nach nicht*. Aber er hat hinzugesetzt: Die konkrete Gegenwart ist das Resultat der Vergangenheit, und sie ist trächtig von der Zukunft. Die wahrhafte Gegenwart ist das begriffene Ganze der Zeit.

36 Hegel, *Philosophie des Rechts*, § 340, Jub. Ausg. Bd. 7, S. 446.
37 Hegel, *Enzyklopädie*, 2. Teil, § 259, Zus., Jub. Ausg. Bd. 9, S. 86.

Wissen, Glauben, Wissenschaft: Religionsphilosophie als kritische Theologie[1]

Das Verhältnis von Wissen und Glauben hat im Gang des mittelalterlichen und frühneuzeitlichen Denkens eine Reihe von Deutungen erfahren, die sich im wesentlichen unter drei Gesichtspunkte bringen lassen. *Erstens* bleiben Wissen und Glauben je in ihrer Sphäre autark, was nicht ausschließt, daß sie in der Begründung ihrer Sätze aufeinander angewiesen sind oder das Wissen in zentralen Fragen des Glaubens (wie der offenbarten Heilswahrheiten) verstummen muß; *zweitens* können Wissen und Glauben so voneinander getrennt werden, daß die Auflösung des Problems nur um den Preis einer »doppelten Wahrheit« und damit der Zerreißung des Verhältnisses selbst möglich erscheint, wie das im lateinischen Averroismus des hohen und späten Mittelalters und in der ockhamistischen Schule geschehen ist; und *drittens* wird das Wissen dem Glauben untergeordnet. Alle drei Möglichkeiten sind zu verschiedenen Zeiten und von unterschiedenen Positionen her argumentativ erprobt und durchgespielt worden, so daß eine Lösung – z. B. die dritte bei Augustin und Luther oder die erste bei Thomas von Aquino und Leibniz – durch eine andere nicht geschichtlich überholt oder gar verdrängt, sondern im jeweiligen Argumentationszusammenhang wieder aufgenommen werden konnte: noch der Streit der theologischen Parteien des 17. Jahrhunderts, den Pierre Bayle hervorruft, sieht die genannten Lösungsmodelle *nebeneinander*. Wenn die folgenden Un-

1 Vortrag, gehalten an der Albertus-Magnus-Akademie Walberberg und vor der Theologischen Fachschaft der Universität Heidelberg.

tersuchungen mit der Feststellung beginnen, daß keines von ihnen für Hegels Denken Gültigkeit hat, so soll damit nicht ihr Ergebnis einfach vorweggenommen, wohl aber der veränderte Systemhorizont angedeutet werden, innerhalb dessen sich hier die Frage nach dem Verhältnis von Wissen und Glauben stellt. Es ist die These meines Vortrags, daß Hegel mit einer analytischen Schärfe und geschichtlichen Einsicht, die so bei keinem seiner Vorgänger anzutreffen sind, die christliche Religion am Beginn der modernen Welt, d. h. am Übergang vom 18. zum 19. Jahrhundert, mit einer Lage der Wissenschaften und der Gesellschaft konfrontiert findet, die es unmöglich macht, das Problem von Wissen und Glauben auf dem Argumentationsniveau seiner bisherigen traditionellen Behandlungsarten aufzulösen.

I

Von dieser Lage hat sich Hegel wiederholt Rechenschaft gegeben: von dem frühen Aufsatz des *Kritischen Journals der Philosophie* über *Glauben und Wissen* (1802), der sie zu dem »alten Gegensatz der Vernunft und des Glaubens« ausdrücklich in Beziehung setzt, bis hin zu den Vorlesungen über Religionsphilosophie an der Berliner Universität (1821-1831), deren Thema und Absicht mit dem Hinweis auf eben jene neue Konfrontation der Religion mit einer prinzipiell verwissenschaftlichten Welt gerechtfertigt wird. Die Lehre, daß wir von Gott nichts wissen können, daß Gott für die Welt und die Welt für Gott tot ist, gehört nach Hegel zu den Vorurteilen der Zeit, und wer es dennoch versuche, die Natur Gottes denkend zu begreifen, kann gewärtig sein, daß man nicht einmal acht darauf hat und ihn einfach damit – als einem längst widerlegten Irrtum – stehen läßt. Das Wissen von Gott und das von der Welt haben sich im umgekehrten Verhältnis zueinander entwickelt und progressiv voneinander entfernt: »Je mehr sich die Erkenntnis der endlichen Dinge ausgebreitet [hat], indem die Ausdehnung der Wissenschaften beinahe grenzenlos geworden ist, alle Gebiete des Wissens zum Unübersehbaren erweitert [sind], um so mehr hat sich der Kreis des Wissens von Gott verengt.«[2] Es gab eine Zeit, ruft Hegel aus, wo alle Wissenschaft eine Wissenschaft von Gott gewesen ist – »unsere Zeit dagegen hat das Ausgezeichnete, von allem und jedem, und zwar einer unendlichen Menge von Gegenständen zu wissen, nur nichts von Gott«. Während in der alten Zeit die Kämpfe, welche die Ergründung der Natur Gottes im menschlichen Innern hervorriefen, die höchsten waren, die der Geist kannte, wo er keine Ruhe und Befriedigung fand als in dieser Beschäftigung und alles andere Interesse seiner Erkenntnis für geringer achtete, hat »unsere Zeit« das Bedürfnis und die Mühe jenes Kampfes abgetan; sie ist, wie Hegel es ausdrückt, »damit fertig geworden. Was Tacitus von den alten Deutschen prädiziert, daß sie *securi adversus deos* gewesen, das sind wir in Rücksicht des Erkennens wieder geworden, *securi adversus deum*. Es macht unserm Zeitalter keinen Kummer mehr, von Gott nichts zu erkennen; vielmehr gilt es für die höchste Einsicht, daß diese Erkenntnis sogar nicht möglich sei.«[3] Mit der Ausdehnung der Wissenschaften tritt der alte Gegensatz von Wissen (ratio) und Glauben (fides) in den Hintergrund; er wird auf dem Boden der modernen Welt und der ihr zugehörigen wissenschaftlich-technischen und politischen Revolution geschichtlich durch einen neuen überholt, der die-

2 Hegel, *Vorlesungen über die Philosophie der Religion*, hrsg. von G. Lasson, I/1, ²1966, S. 4 f.

3 A.a.O., S. 5.

ses Verhältnis vor eine Aporie bringt, zu deren Lösung es anderer Mittel bedarf, als sie jene eingangs erwähnten Modelle bereitstellen.

Während der alte Gegensatz von Wissen und Glauben selber noch der Sphäre der Religion angehört, fällt der neue aus ihr heraus; zwischen der Erkenntnis, die hier auf die Region der Wissenschaften eingeschränkt ist, und der Religion klafft ein »Riß«[4], der Welt und Gott oder, um mich der Hegelschen Terminologie zu bedienen, die Sphäre des Endlichen von der des Unendlichen trennt. Die modernen Wissenschaften (die Hegel unter dem von den französischen Naturforschern [Laplace, Lalande] übernommenen Titel der *sciences exactes* zusammenfaßt[5]) setzen den mannigfaltigen Stoff, den sie sich durch Wahrnehmung und Beobachtung geben lassen, in immanente Beziehung aufeinander, nehmen mittels ihrer Methoden des Experiments und der Berechnung den einzelnen Gegenständen die Zufälligkeit, die sie durch ihre Unmittelbarkeit haben, betrachten sie nach dem Verhältnis von Ursache und Wirkung, Grund und Folge, Kraft und Äußerung, des Allgemeinen der Gattung gegen die einzelnen Exemplare und schließen auf diese Weise die Welt der Endlichkeit in sich selbst ab zu einem *»System des Universums,* so daß die Erkenntnis nichts außer diesem System für dasselbe nötig hat«.[6] Die exakten Wissenschaften und die »technischen Kenntnisse« zur Beherrschung der Natur, die ihr Ergebnis und Zweck sind, bilden ein Universum der Erkenntnis, von dem Hegel sagt, daß es »für sich Gottes nicht bedarf und außerhalb der Religion liegt«.

4 A.a.O., S. 28.

5 Vgl. a.a.O., S. 21. Vgl. *Enzyklopädie*[3] § 7, Anm.; *Vorlesungen über die Geschichte der Philosophie,* hrsg. von K. L. Michelet, III, *Werke* XIX (Jub.-Ausg.), S. 270.

6 Vgl. a.a.O., S. 19 f.

Ich übergehe die systematische Position, die Hegel aus diesem Gegensatz von Wissenschaft und Religion für die Möglichkeit der Religionsphilosophie selber entwickelt, und erörtere zunächst den historischen Zusammenhang, in dem er gesehen werden muß. Es handelt sich um die Entstehung einer selbständigen Sphäre des Wissens und der Bildung im Prozeß der neuzeitlichen Geschichte, die am Beginn der modernen Welt den überlieferten Bezug von Mensch und Gott von Grund auf verwandelt. Chronologisch läßt Hegel diesen Vorgang mit dem Ende der Kreuzzüge, also noch im 13. Jahrhundert, beginnen. Sie gaben der Christenheit, die ausgezogen war, um die »Gegenwart des Geistigen« in einem sinnlichen »Diesen«, am Grabe Christi zu finden, das negative Bewußtsein, daß der Geist nicht an den Stätten der Heilsgeschichte gegenwärtig sei und der Mensch so das »Dieses, welches göttlicher Art ist, in sich selber suchen müsse«.[7] Indem er sich selbst entdeckt, entdeckt er die Erde und ihre Körper und führt damit eine Umkehr im »Geist der Zeiten« herbei, – die Abwendung von der »Intellektualwelt« des Mittelalters und die Zuwendung zur »gegenwärtigen Welt«: »Die Menschen haben Freude und Interesse an der Erde bekommen, und hiermit beginnt ein ganz neues Verhältnis des Geistes, eine zweite Periode, das ruhige Verhalten des Geistes zur Welt und zur Natur als zu dem Diesen.«[8]

Ohne der Darstellung dieser Umkehr näher zu folgen, hebe ich hier mit Hegel die wichtigsten Faktoren hervor, die sie auslösten und ihre verschiedenen Richtungen im Strukturzusammenhang der modernen Welt bestimmten:

1. Die Ausbildung einer neuen, auf Arbeit, Erwerb und

7 *Vorlesungen über die Philosophie der Weltgeschichte*, hrsg. von G. Lasson, IV, 1920, S. 849; *Vorlesungen über die Geschichte der Philosophie*, a.a.O., S. 209.

8 *Philosophie der Weltgeschichte*, a.a.O., S. 854.

Kapitaleigentum beruhenden bürgerlichen Gesellschaft inmitten der alteuropäischen Adelsgesellschaft und ihrer politischen und geistlichen Herrschaftsgewalten. Ihre Zentren sind die Städte, in denen das »Prinzip der Tätigkeit, Industrie und Bürgerlichkeit« entsteht. Im Gegensatz zur agrarischen Produktionsweise und den mit ihr verbundenen vielschichtigen Knechtschafts- und Abhängigkeitsverhältnissen ist das bürgerliche Individuum nicht mehr auf das »Treiben der Natur«, sondern auf seine eigene »Tätigkeit angewiesen; es selbst ist das Betätigende und Hervorbringende. Die Menschen sind dazu gekommen, sich frei zu wissen, ihre Freiheit sich anerkennen zu machen und für eigene Interessen, Zwecke tätig zu sein die Kraft zu haben.«[9]

2. Die Entwicklung der modernen Erfahrungswissenschaften, insbesondere der Naturwissenschaft, die der Ausbildung der neuen städtisch-bürgerlichen Gesellschaft parallel läuft. Aus methodisch angestellter Beobachtung und Erfahrung entsteht ein »System bekannter und erkannter Gesetze«, in dem der Mensch zu Hause und frei ist durch die Erkenntnis und die Möglichkeit zur technischen Beherrschung der Natur. Mit den Fortschritten der Naturwissenschaft und der Sicherheit ihrer Methoden und Ergebnisse verbindet sich der Gedanke der Emanzipation des Menschen von älteren Autoritätsformen des Wissens und Glaubens: »Gegen den Glauben auf Autorität ist die Herrschaft des Subjekts durch sich selbst gesetzt worden, und die Naturgesetze wurden als das einzig Verbindende des Äußerlichen mit Äußerlichem anerkannt.«[10]

3. Die Grundlegung eines neuen Wissens von der menschlichen Gesellschaft auf dem »präsenten Boden des Willens des Menschen«, seiner »natürlichen« Rechte und sittlichen

9 *Geschichte der Philosophie, Werke* XIX, S. 211.
10 *Philosophie der Weltgeschichte*, a.a.O., S. 912 f.

Autonomie, während vorher Recht und Sittlichkeit »nur als Gebot Gottes, äußerlich auferlegt, im Alten und Neuen Testament geschrieben, oder in Form besonderen Rechts in alten Pergamenten, als Privilegien, oder in Traktaten vorhanden war«.[11]

Durch das Zusammenwirken dieser verschiedenen Faktoren bildet sich ein Begriff von Vernunft heraus[12], der sich kritisch gegen die Autorität der Kirche und des tradierten Heilswissens wendet: im Namen des *Naturgesetzes* und der in ihm erkannten Regelmäßigkeit der Naturerscheinungen gegen den Wunderglauben; im Hinblick auf die fortschreitende *Bildung des Geistes* in der bürgerlichen Gesellschaft und ihrer Kultur gegen dessen »Einbildungen« in den Schemata des biblischen Geschichtsglaubens von der Erschaffung der Welt bis zur Erlösung in Christus; und unter Berufung auf ein der menschlichen Vernunft entspringendes und für alle Wesen gleiches *Moralgesetz* gegen die Dogmen der positiven Religion.

Das sind die vornehmsten Streitpunkte jenes Prozesses, den die kritisch gewordene Vernunft der frühbürgerlichen Gesellschaft in der Religionstheorie des 17. Jahrhunderts (bei Spinoza, Bayle und Locke) gegen das überlieferte Christentum anstrengt und der von Hegel in einem wichtigen Abschnitt der *Phänomenologie des Geistes* unter dem Titel *Der Kampf der Aufklärung mit dem Aberglauben* beschrieben worden ist. So kritisch Hegel den einzelnen Phasen dieses Kampfes und den Verstellungen der Gestalten des Glaubens durch die kritische Vernunft gegenüber steht: die Wahrheit der Aufklärung und das Recht ihres Sieges über jene Gestalten wird von ihm unmißverständlich anerkannt. Die Aufklärung hat das Verhältnis von Wissen und Glauben auf eine völlig veränderte Basis ge-

11 A.a.O., S. 918.
12 Vgl. a.a.O., S. 915 ff.

stellt, von der aus Hegel denkt und die er auch dann nicht preisgibt, wenn er – wie in der Systematik seiner Religionsphilosophie – wieder geschichtlich hinter sie zurückgreift. Diese Basis liegt im Gedanken von der Macht und Autonomie der Vernunft, den Hegel mit seinen Vorgängern teilt. Es ist der Gedanke, mit dem sich die bürgerliche Gesellschaft im 17. und 18. Jahrhundert von einer religiösen Überlieferung zu emanzipieren versucht, die den Ideen und Bedürfnissen ihrer Kultur und Wissenschaft nicht mehr adäquat schien.

Um diese These verständlich zu machen, ergänze ich die bisherigen Bemerkungen durch den Hinweis auf die wohl charakteristischste Veränderung, die das Verhältnis von Glauben und Wissen bei den Theoretikern der Aufklärung erfährt. *Vor* dieser Zeit war der Glaube in Gestalt der Kirche eine legitime und öffentlich anerkannte Macht. Die Vernunft hatte nichts für sich als sich selbst[13] – auch die Skepsis, in neuerer Zeit ihre Waffe, stand auf der Seite des Glaubens. Die Schriften von Tertullian über Augustin bis hin zu Luther und den theologischen Parteien von Reformation und Gegenreformation sind voll von skeptischen Argumenten gegen die natürliche Vernunft; John Locke, so heißt es bei Hume, der diesen Sachverhalt mit Verwunderung notiert[14], scheint der erste Christ gewesen zu sein, der offen zu behaupten wagte, daß Glaube nichts als eine Art von Vernunft und die Religion ein Zweig der Philosophie sei. Und Hume führt in diesem Zusammenhang die Grundsätze der Mechanik und des Kopernikanischen Systems an, denen kein Skeptiker mehr den mindesten Zweifel entgegenbringe – selbst die Inquisitoren

13 Vgl. L. Feuerbach, *Pierre Bayle. Ein Beitrag zur Geschichte der Philosophie und Menschheit, Ges. Werke,* hrsg. von W. Schuffenhauer, IV, 1967, S. 140-161.

14 Hume, *Dialogues concerning natural religion* (1779), I.

und Mönche seien auf diesem Feld genötigt, ihren Widerspruch aufzugeben. Im mathematisch formulierten und experimentell bestätigten Naturgesetz gibt es eine Art von Wissen, das jener Skepsis widerstreitet und der natürlichen Vernunft im Verhältnis zum Glauben ein ungleich stärkeres Gewicht verleiht. Die Vernunft wird selbst eine Macht, weil die Erfahrung zur »Wissenschaft der Welt« geworden ist.[15] Das hat Hegel erkannt und mit dieser Formel in seinen Vorlesungen zur Geschichte der Philosophie und zur Philosophie der Geschichte jene Epoche der Neuzeit charakterisiert, in der sich das »weltliche Wissen« auf dem Boden einer die Erde umspannenden bürgerlichen Arbeitsgesellschaft zur »modernen Welt« ausbreitet. Das Wissen steht nicht mehr allein dem Glauben gegenüber, sondern stützt sich auf die Instanz der Erfahrungswissenschaften, welche die Natur und Geschichte des Menschen, statt ihnen einen anderen Sinn unterzulegen als sie unmittelbar für das Bewußtsein haben und damit ihre Erscheinungen zu verstellen, mit diesem Bewußtsein vermitteln. So kommt es zu dem Prozeß der Aufklärung gegen den Glauben als dem »Aberglauben« einer geist-losen und barbarischen Verfassung, der in den Mysterien und Dogmen der überlieferten christlichen Religion mit der menschlichen Vernunft die Menschheit selbst erniedrigt. In seinem Gefolge entsteht jene Intellektualisierung und Moralisierung des Christentums in der religionskritischen Literatur zwischen Locke und Kant, die man mit einigem Recht als seine »Verbürgerlichung« bezeichnen kann[16], – als Anpassung des Christentums an die Emanzipationsbestrebungen und Kulturbedürfnisse der neuen bürgerlichen Gesellschaft.

15 Vgl. Philosophie der Weltgeschichte, a.a.O., S. 912.

16 Vgl. K. Barth, *Die protestantische Theologie im 19. Jahrhundert*, 1947, S. 71 ff.

II

An diesem Prozeß hat Hegel in seinen – allerdings nicht zur Veröffentlichung gebrachten – frühen theologischen und historischen Studien und Entwürfen selbst noch teilgenommen. Die Begriffe, von denen er vorwiegend Gebrauch macht, sind die von Rousseau und Kant entlehnten Beweismittel der Aufklärung für die These, daß das Christentum im Kern Vernunftreligion sei und die biblischen Sätze nach der Moral ausgelegt werden müßten; so der Unterschied zwischen historischem und Vernunftglauben, Geschichts- und Vernunftwahrheiten, positiver und Vernunftreligion. Eine der Fragen, die sich der junge Hegel notiert, spielt auf den geschichtlichen Hintergrund des kritischen Prozesses an – inwieweit die »Veränderung« in dem Gang der wissenschaftlichen Kultur, die »Erweiterung« und der »Prüfungsgeist« der Wissenschaften eine »Veränderung« in den Religionsbegriffen nach sich gezogen haben.[17] Vorbild und Maßstab seiner Religionskritik ist der Kantische Gedanke der Autonomie der praktischen Vernunft. Die Dogmen der positiven Religion verletzen die Vernunft und Moralität des Menschen schon der Form nach, weil sie sich auf Geschichtswahrheiten gründen und der Glaube an sie das vernünftige Wissen an die Autorität anderer (der Augen-, Ohren- und Schriftzeugen) bindet. Glaube in diesem Sinne ist immer »historischer Glaube«, den die Vernunft aus sich selbst zu prüfen das Recht hat, soll er mit einer Religion vereinbar sein, die den Gedanken der Autonomie nicht aufhebt. Vor allem aber sind die Dogmen zurückzuweisen, die durch ihren Inhalt die »Grenzen der Vernunft« übersteigen; nicht nur, sofern sie schlechthin unbegreiflich bleiben (wie die »von außen in

17 Hegel, *Theol. Jugendschriften*, hrsg. von H. Nohl, 1907, S. 360.

den Kopf eingetriebene« Alternative von ewiger Seligkeit und ewiger Verdammnis) oder ihnen die moralische Wichtigkeit fehlt (wie dem Dogma der Trinität und der leiblichen Auferstehung), sondern auch, wenn sie der lebendigen Erfahrung, einer »wirklichen Kenntnis des menschlichen Herzens« widersprechen (wozu nach Hegel das Dogma von der Erbsünde und die Vorstellung von Lohn und Strafe im Jenseits gehören, weil sie die Reinheit der moralischen Selbstbestimmung zerstören und Hoffnung und Furcht zu Handlungsantrieben machen).[18] Von der Unterscheidung der Religionskritik des 17. Jahrhunderts, daß diese Lehren zwar über, aber nicht gegen die Vernunft sind[19], macht Hegel dabei keinen Gebrauch mehr, weil er die Vernunft im Sinne Kants als autonom und als »höchste Richterin ihres Glaubens« denkt. Ja, er lehnt die Unterscheidung ausdrücklich ab, indem er dazu anmerkt: »Man könnte sagen, die Lehren seien an sich der Vernunft nicht zuwider, aber es sei der Vernunft zuwider, sie zu glauben.«[20]

Im Zentrum von Hegels Kritik des Christentums als einer positiven Religion steht der Christusglaube. Er ist positiver Glaube par excellence, weil er sich keinem praktischen Vernunftbedürfnis, sondern historischer Überlieferung verdankt. »Die Gründe des Glaubens an Christum beruhen auf Geschichte.«[21] Schon bei seinen Jüngern und in den Berichten der Evangelien werden Wunder auf Treu und Glauben angenommen, diese motivieren eine Autori-

18 *Theol. Jugendschriften,* a.a.O., S. 49 f., 55, 63 ff., 66 f.

19 Vgl. Leibniz, *Theodizee* I, § 23.

20 *Theol. Jugendschriften,* a.a.O., S. 53 f. Vgl. K. Wolf, *Die Religionsphilosophie des jungen Hegel,* (Phil. Diss. München), 1960, S. 47 f.

21 Vgl. a.a.O., S. 65. Vgl. dazu K. Löwith, *Hegels Aufhebung der christlichen Religion,* in: *Einsichten. Gerhard Krüger zum 60. Geb.,* 1962, S. 162 f.

tät des Täters derselben, und in der Folge wird die Autorität der historischen Person zum Prinzip der Verbindlichkeit zur Moralität erhoben: »Daß dieser Weg von der Geschichte der Wunder aus zum Glauben an eine Person, von diesem Glauben, wenn es gut geht, zur Sittlichkeit, – die durch Symbole befohlene Landstraße sei, ist so bekannt, als es erwiesen ist, daß die eigentümliche Grundlage der Tugend in der Vernunft des Menschen liegt, und daß der Rang der menschlichen Natur, die Stufe der Vollkommenheit, die von ihr gefordert wird, höher zu setzen ist, als auf den Standpunkt der Unmündigkeit, auf dem sie ewig eines Vormunds bedürfen soll [...]«[22] Seit den Anfängen des Christentums sind so Weg und Ziel, Mittel und Zweck verkehrt worden. Sein fundamentaler Mangel besteht nach Hegel darin, daß es »einen historischen Glauben zum Wesen der Religion« macht. Historischer Glaube aber ist seiner Natur nach eingeschränkt auf Ort und Zeit, seine Ausbreitung hängt von zufälligen Umständen ab, er ist eine Quelle, aus der nicht jeder schöpfen kann, usf. Insofern ist der Glaube an Christus als eine historische Person, wie sehr er sich auch durch seinen »hohen Grad von Lebhaftigkeit« oder eine »Spannung der Seele« von dem Glauben an gewöhnliche Geschichtswahrheiten unterscheiden mag, für Hegel ein Zeichen »moralischer Kraftlosigkeit«, wie überhaupt die Fähigkeit zu einem historischen Glauben notwendig den »Verlust der Freiheit der Vernunft, der Selbständigkeit derselben« voraussetzt. Bei Geschichtswahrheiten ist das Volk daran gewöhnt, das zu glauben, was die Geschichte erzählt, und so dazu verdammt, »sich in Untersuchungen über die Wahrheit desselben nie einlassen zu können«.[23] Solange die Vernunft von Autorität und historischem Zeugnis umlagert bleibt

22 A.a.O., S. 162.
23 A.a.O., S. 66.

oder, mit Sinnlichkeit amalgamiert, die Realisierung ihres Objekts in Gott als einem Beherrscher der Natur fordert, heißt »Glauben Mangel des Bewußtseins, daß die Vernunft absolut, in sich selbst vollendet ist«.[24]
Gleichwohl ist Hegel weit davon entfernt, den Glauben durch das Wissen der Vernunft beiseite zu setzen oder in ihr verschwinden zu lassen. Im Unterschied etwa zu Spinoza und Bayle oder zu Locke, Hume und Kant erschöpft sich für ihn das Problem der Religionskritik nicht in der Alternative von positiver und Vernunftreligion, sondern in der Aufgabe, die Bedingungen anzugeben, die es möglich machen, auch das Volk durch eine vernünftige Religion, die Hegel »Volksreligion« nennt, in den Prozeß der Aufklärung einzubeziehen. Es handelt sich nicht um eine Religion, die *ist*, sondern *sein soll*, aber in einem Volk und nicht in der Idee. Die Aufgabe ist Hegel wahrscheinlich durch Rousseaus *Contrat social* nahegebracht worden. Mit Rousseau betrachtet Hegel das Christentum als Privatreligion, die den Menschen in Christ und Bürger aufspaltet und mit einem freien Volk unvereinbar ist. »Volksreligion« heißt öffentliche, politische Religion (religion civile) und meint genau das Gegenteil von dem, was die Aufklärer als Trostmittel dem Volk überließen: eine Religion, die sich nicht in dem Verhältnis des Individuums zu Gott erschöpft und als solche politisch folgenlos bleibt, sondern die Verfassung der Gesellschaft und das Schicksal der Zeit betrifft, in der es sein Dasein hat. Die Aufgabe ist bei Hegel anfänglich pädagogisch formuliert; ihre Einführung wird damit begründet, daß Prinzipien und Wahrheiten zu einer »lebendigen Anerkennung von seiten des Volkes« fähig seien. Die Volksreligion hat drei Bedingungen zu genügen, von denen das Christentum allen-

24 A.a.O., S. 238.

falls die zweite erfüllt: 1. ihre Lehren müssen auf der »allgemeinen Vernunft« gegründet sein; 2. sie müssen »Phantasie, Herz und Sinnlichkeit« befriedigen; 3. muß sie in Gesetzen und Einrichtungen so beschaffen sein, daß sie ihren Bekennern große Gesinnungen und politische Freiheit und Vereinigung in einem Volk ermöglicht: »Volksreligion [...] geht Hand in Hand mit der Freiheit.«[25]

Diese Stellung, welche die Volksreligion als politisches Emanzipationsideal zwischen positiver und Vernunftreligion einnimmt, kompliziert nicht zuletzt das Verhältnis von Vernunft und Glaube. Mit sarkastischer Ironie spricht Hegel von jenen Zeiten theologischer Orthodoxie und Scholastik, »als die Menschen so erstaunlich viel von Gott zu wissen anfingen, als so viele Geheimnisse seiner Natur, in so vielen Formeln, nicht wie sonst Geheimnisse von einem Nachbar dem andern ins Ohr, sondern in aller Welt ausgeschrieen wurden, und Kinder sie auswendig wußten«.[26] Entschieden lehnt Hegel das »Spekulieren über Religion« und jede metaphysische Gotteserkenntnis ab. Die Möglichkeit einer spekulativen Theologie stellt er zwar nicht ausdrücklich in Frage, aber sie ist auch nicht Gegenstand seines Interesses. Das Thema der sogenannten theologischen Jugendschriften ist *Religion* im Unterschied und Gegensatz zur Theologie: »Wenn ich von Religion spreche, so abstrahiere ich schlechterdings von aller wissenschaftlichen oder vielmehr metaphysischen Erkenntnis Gottes, unseres und der ganzen Welt Verhältnisses zu ihm usw. Eine solche Erkenntnis, bei der sich bloß der räsonierende Verstand beschäftigt, ist Theologie, nicht mehr Religion.«[27] Hegel steht auf dem Standpunkt der Postula-

25 A.a.O., S. 20 u. 27.
26 A.a.O., S. 228.
27 A.a.O., S. 8. Vgl. S. 9 f., 48, 61 f.

tenlehre von Kants *Kritik der praktischen Vernunft*. Die Ideen von Gott, Freiheit, Unsterblichkeit sind keine positiv wißbaren Dogmen, sondern *Voraussetzungen*, welche die praktische Vernunft machen muß, wenn sie dem Gedanken der sittlichen Vollkommenheit und Autonomie des Menschen genügen will.[28] Als solche können sie nur »geglaubt« und nicht theoretisch bewiesen oder durch spekulative Theologie eingesehen werden. Das Entscheidende ist, daß Hegel aus diesem praktischen Vernunftglauben einen Begriff von Religion ableitet, den er, weit radikaler, als das Kant getan hatte, aller Theologie zugrunde legt. Von Gott kann hier nur noch in Korrelation zum Menschen als religiösem Subjekt, aber nicht in Beziehung auf sein Wesen selbst die Rede sein. Theologie wäre auf dem Standpunkt des praktischen Vernunftglaubens eine solche Wissenschaft, die »sich nicht bloß mit der Erkenntnis des Daseins und der Eigenschaften Gottes beschäftigt, sondern dies in Beziehung auf die Menschen und die Bedürfnisse ihrer Vernunft tut«.[29]

So lautet die theologische Konsequenz, die der junge Hegel aus der Postulatenlehre der praktischen Vernunft zieht. Es spricht für die Einsicht und Folgerichtigkeit der von Fichte, Schelling und Hegel ausgehenden idealistischen Bewegung, daß derselbe Gesichtspunkt, um den sich etwa zur gleichen Zeit die Aufzeichnungen des späten Kant im *Opus postumum* drehen[30], auch der ihre ist: die Unmöglichkeit, einen vom religiösen Subjekt (der Menschheit) unabhängigen Begriff von Gott anzunehmen, wie ihn die ältere natürliche Theologie (und Kant selbst in seinem Lehrstück der *Kritik der praktischen Vernunft* von der

28 Kant, *Kritik der praktischen Vernunft*, 1. Teil, II. Buch, 2. Hauptstück, VI-VIII.

29 *Theol. Jugendschriften*, S. 48.

30 Vgl. *Opus postumum*, Konv. 1, Akad.-Ausg. XXI, S. 27 und 49.

Verbindung des transzendentalen Ideals mit der Moraltheologie) vorstellig gemacht hatte. Er ist der Ausgangspunkt und das Fundament von Hegels Denken geblieben – bis hin zu den Vorlesungen über Religionsphilosophie, die ihm die systematische Entfaltung und die Ausbreitung am historischen Material geben. Auf eine Formel gebracht, könnte man sagen, daß Theologie unter den von der Kantischen Kritik und dem ihr vorausgehenden Prozeß des Wissens gegen den Glauben geschaffenen Bedingungen nur noch als Religionsphilosophie möglich sei. Sie hat freilich weder für die Position des jungen noch für die des späten Hegel uneingeschränkte Geltung; für den einen nicht, weil er Religion und Philosophie voneinander trennt; für den anderen nicht, weil sein Begriff von Religionsphilosophie wieder spekulative Theologie sein will. In dem Systemfragment von 1800, das den Abschluß der Jugendschriften bildet und gewissermaßen ihr theoretisches Fazit zieht, wird das Wesen der Religion bestimmt als »Erhebung des Menschen, nicht vom Endlichen zum Unendlichen, denn dieses sind nur Produkte der bloßen Reflexion, und als solcher ist ihre Trennung absolut, sondern vom endlichen Leben zum unendlichen Leben«.[31] Mit abstrakten Begriffen wie Endliches und Unendliches und ihren Gegensätzen hat es die Philosophie zu tun, die an die Aufhebung der Gegensätze in jener Erhebung des Lebens gar nicht heranreicht, welche Religion leistet. Als Leben trägt das endliche, teilhafte Lebendige selber die Möglichkeit in sich, mit dem Ganzen des unendlichen Lebens vereinigt zu sein. Eben deshalb muß die Philosophie mit der Religion »aufhören«, weil sie ein Denken in Gegensätzen ist.[32] Von Religions*philosophie* kann also hier der Sache nach nicht

31 *Theol. Jugendschriften*, S. 347. Vgl. dazu W. Schulz, *Der Gott der neuzeitlichen Metaphysik*, 1957, S. 89 ff.

32 A.a.O., S. 348.

geredet werden. Wie die Religion über der Philosophie, so steht auch der Glaube am Ausgang von Hegels Jugendperiode über dem Wissen. Die Sphäre der Religion ist das Leben, welches in sich Endliches und Unendliches vereinigt. Glaube ist der Vollzug dieser Vereinigung. Hegel definiert ihn in einem auf das Jahr 1798 datierten Fragment als die »Art, wie das Vereinigte, wodurch eine Antinomie vereinigt ist, in unserer Vorstellung vorhanden ist«.[33] Die Definition läßt erkennen, daß die Herkunft auch dieses Begriffs in der immanenten Kritik und spekulativen Fortentwicklung von Kants praktischem Vernunftglauben liegt. Mit Kant stimmt Hegel darin überein, daß *Sein* – ebensowenig wie *Leben* – nicht *gedacht* werden kann: Sein ist kein »reales Prädikat«. Es entspringt auch nicht der Kopula eines Urteils, aber es muß – und hier beginnt Kants Fehler, das Sein als Position gewissermaßen *neben* die Kopula zu stellen – als Vereinigung schon gegeben und aufgefaßt sein, damit überhaupt geurteilt werden kann: »Sein kann nur geglaubt werden.«[34] Das heißt nicht, daß Hegel Glaube und Sein identifiziert. Glaube ist nicht Sein, sondern »reflektiertes Sein« – Vereinigung ursprünglich Getrennter, die im Wissen getrennt bleiben. Glaube ist auch nicht Glaube *an* ein Sein; denn dies würde 1. voraussetzen, daß es etwas schlechthin von uns Getrenntes wäre, in dem die Beziehung auf uns gar nicht notwendig liegt, und 2. die Folgerung zulassen, daß man, um glauben zu können, sich vorher von einem Sein überzeugen müsse. Diese These ist offenkundig absurd – ebenso absurd wie die Gegenthese (die bekanntlich Jacobi und Hamann in ihrem Streit mit Kant vertreten), daß an das

33 *Theol. Jugendschriften*, Anhang 11, *Glauben und Sein*, a.a.O., S. 382.

34 A.a.O., S. 383. Vgl. Landgrebe, *Das Problem der Dialektik*, in: *Marxismus-Studien* VI, 1960, S. 19.

Sein als Vorhandensein *notwendig* und *unterschiedlos* geglaubt werden müsse. Vielmehr gilt der Satz (und hier zeigt sich, daß Hegel auch zu dieser Zeit Kant nähersteht als Jacobi oder Hamann): »Das was ist, *muß* nicht geglaubt werden, aber was geglaubt wird, muß sein.«[35]

III

Es ist ein weiter Weg von diesen Bestimmungen des Systemfragments über einen Begriff von Religion, der im Grunde die Philosophie von sich ausschließt, und einen Glauben, dem das Sein unreflexiv zugänglich scheint, zu Hegels ausgeführtem System, das die Philosophie der Religion als unmittelbare Weise des Vorstellens überordnet, und ich unternehme es nicht, den verschiedenen Schritten zu folgen, in denen Hegel diese Bestimmungen verändert hat. Die Abbiegung jedenfalls von der in den Jugendschriften und an ihrem Ausgang eingeschlagenen Richtung ist genau lozierbar. Sie beginnt in dem Aufsatz über *Glauben und Wissen*, der im ersten Heft des *Kritischen Journals der Philosophie* erschien und im Titel ausdrücklich auf die Problemstellung der Jugendfragmente zurückweist. Sie wird nun in doppelter Hinsicht modifiziert: 1. durch die Preisgabe des religiös-politischen Emanzipationsideals der Volksreligion und 2. durch die Erkenntnis, daß auf dem Boden der modernen Welt und ihrer Kultur die Zerreißung und Entfremdung des Lebens über jene Sphäre noch hinausgreift, welche Religion zu versöhnen vermag. Der Aufsatz enthält die Auseinandersetzung mit der zeitgenössischen »Reflexionsphilosophie der Subjektivität«, die für Hegel nicht nur »Philosophie« ist, sondern

35 *Theol. Jugendschriften*, S. 382 f.

einer bestimmten Lage der Zeit und Gesellschaft angehört und in deren Auflösung des Verhältnisses von Wissen und Glauben die Religionskritik der Aufklärung das Stadium der Krisis erreicht. Diese Krisis ist Hegels eigene, die ihn über die Religion zur Philosophie und vom »Ideal des Jünglingsalter« zur Reflexionsform des »Systems«[36] weiterführt. Er teilt weder die Illusionen jener aufgeklärten Kritiker der frühbürgerlichen Gesellschaft, daß die des reinen Religionsglaubens teilhaftigen Subjekte kraft individueller Vernunft die vernünftige Gesellschaft, das »Reich Gottes« realisieren würden, noch hält er daran fest, daß die Vereinigung des Getrennten allein Sache der Religion und Philosophie ein Denken in Gegensätzen sei. An der zeitgenössischen Reflexionsphilosophie gewinnt Hegel die Einsicht, daß die Vereinigung zu einem Ganzen nur dann wiederherzustellen sei, wenn sich die Religion nicht auf sich selber und der Glaube unter Ausschließung des Wissens nicht auf ein Gefühl isoliert. Er erkennt, daß der alte Widerstreit von Glaube und Vernunft bei Kant, Fichte und Jacobi nicht überwunden, sondern radikalisiert, nämlich in die Philosophie selbst verlegt worden ist, indem sie das Wissen auf die Welt der endlichen Erscheinungen und deren abstrakt-notwendige Verhältnisse einschränken und den Glauben in ein davon abgetrenntes Jenseits setzen, zu dem sich das Subjekt nur noch postulatorisch oder in der unmittelbaren Weise des Gefühls in Beziehung bringen kann. Die Konsequenz dieses Rückzugs des Glaubens in die Innerlichkeit der Subjektivität ist seine Weltlosigkeit, mit der die Positivierung des Wissens zur »verständigen Berechnung« der Welt und ihrer Erscheinungen einhergeht.[37] Weil die Religion, wie kaum eine andere Gestalt

36 Vgl. den Brief an Schelling vom 2. 11. 1800, mitgeteilt bei Karl Rosenkranz, *Hegels Leben*, 1844, S. 142 ff.

37 *Werke* I, S. 286 und 289. Vgl. dazu G. Rohrmoser, *Subjektivität*

des geistigen Lebens, auf dem Boden der bürgerlichen Gesellschaft dem Dualismus ihrer »Kultur« preisgegeben ist und ihn aus ihr selbst nicht zu lösen vermag, bedarf es der Philosophie.[38] Der Weg zur Versöhnung durch die Philosophie, den Hegel in der Jenaer Periode einschlägt, bedeutet zugleich die Abwendung von der Idee einer *Religion, die sein soll,* und die Hinwendung zur *Religion, die ist.* Die Philosophie, deren Aufgabe nach der bekannten Definition des späten Hegel eben darin besteht *zu erkennen, was ist*[39], kehrt mit dem Aufbau des Systems wieder zur positiven Religion und zum historischen Glauben zurück, den der junge Hegel kritisch destruiert hatte und der nun vor der Vernunft seine Rechtfertigung erfährt.

Das heißt aber nicht, daß Hegel damit die überlieferten Dogmen der positiven Religion um ihrer Positivität willen und in der Zugehörigkeit zu einer gesellschaftlichen Verfassung rechtfertigt, die geschichtlich der Aufklärung und Revolution vorausliegt. Das Gegenteil ist der Fall. Die Rechtfertigung vollzieht sich unter eben jenen Voraussetzungen der »neueren Bildung«[40], der die Emanzipation der bürgerlichen Gesellschaft den Weg bereitet hat. Nach den Bestimmungen der Religionsphilosophie sieht sich die Philosophie bei dieser ihrer Aufgabe zwei einander entgegengesetzten Mächten gegenüber, deren Prinzipien sie in sich aufnimmt, um sie zu versöhnen. Sie steht 1. auf der Seite der *Bildung* und Reflexion gegen die Kir-

und Verdinglichung. Theologie und Gesellschaft im Denken des jungen Hegel, 1961 S. 75 ff.

38 Das ist zuerst mit Nachdruck in dem von Rosenkranz mitgeteilten Frankfurter Systementwurf ausgesprochen worden; vgl. *Hegels Leben,* S. 141.

39 *Philosophie des Rechts, Vorrede, Werke* VII, S. 35.

40 *Vorlesungen über die Beweise vom Dasein Gottes, Werke* XVI, S. 361; *Einleitung in die Geschichte der Philosophie,* hrsg. von J. Hoffmeister, ^{3}1959, S. 156 ff.

che, sofern sie die Vorstellungsformen des historischen Glaubens angreift und in die Form des Begriffs übersetzt; und sie steht 2. auf der Seite der *Kirche* und gegen die Bildung, sofern sie dem Inhalt des Glaubens Gerechtigkeit widerfahren läßt.[41] Diese doppeldeutige Vermittlerrolle erklärt sich aus der gesellschaftlich-geschichtlichen Lage, der sich die Philosophie nach der Periode der Aufklärung und Revolution gegenübersieht. Hegels Absage an das Emanzipationsideal der Vernunftreligion ist eine Absage nicht an die Idee der Vernunft selber, sondern an die geschichtlich beschränkte Gestalt der aufgeklärten Vernunft und die Resultate ihres Kampfes gegen den historischen Glauben der Kirche. Fixiert auf das Verstandesprinzip des zureichenden Grundes und den Satz des ausgeschlossenen Dritten, hat sie den »Himmel leer gemacht«, d. h. von Gott alle Lebendigkeit und allen Widerspruch dadurch entfernt, daß sie ihn von Welt und Mensch trennt. Ja, sie hat schließlich die Idee der Vernunft selbst preisgegeben, indem sie für das Wissen die Unerkennbarkeit Gottes behauptet und den Glauben der Unvernünftigkeit des Gefühls überläßt. Statt die Idee der Emanzipation des Menschen zur freien Vernünftigkeit vor sich selbst und der Welt einzulösen, versetzt ihn die Aufklärung auf dem Gebiet der Religion in dieselbe Abhängigkeit von der unbestimmten Einzelheit der Gefühle, die innerhalb der gesellschaftlichen Sphäre die Beziehungen der Individuen beherrscht. Der geschichtslosen Abstraktheit der bürgerlichen Gesellschaft, die sich im »System der Bedürfnisse« von traditionellen Bindungen und vorgegebenen sittlichen Ordnungen befreit und die Reproduktion des Lebens von der Auseinandersetzung des Einzelnen mit der Natur abhängig macht, entspricht die Geschichtslosigkeit jenes ab-

41 *Vorlesungen über die Philosophie der Religion* II/2, S. 224.

strakten Gefühls, das den Inhalt und Gehalt der religiösen Überlieferung außer sich hat. Darin sieht Hegel »eine ungeheure Revolution in der christlichen Welt«[42], – die mögliche – und inzwischen zur Wirklichkeit gewordene – Depotenzierung des christlichen Glaubens nicht als Folge eines ihm von außen aufgenötigten Atheismus, sondern durch die Geschichts- und Gehaltlosigkeit dieses subjektiv gewordenen Glaubens selbst.

IV

Von hier aus muß man den Systemanspruch der Hegelschen Religionsphilosophie beurteilen, die christliche Dogmatik im philosophischen Begriff wiederherzustellen und zu rechtfertigen. Es ist der Versuch, das Verhältnis von Wissen und Glauben nicht mit den Modellen und Argumentationsmustern der Theologie, sondern auf der Basis des Subjektivitätsprinzips und unter den intellektuellen Voraussetzungen der modernen, von der »Kultur« der bürgerlichen Gesellschaft bestimmten Welt aufzulösen. Nicht ohne Grund weist Hegel immer wieder darauf hin, daß dieses Verhältnis im Gang der Geschichte einen zweifachen Sinn angenommen hat. Nach dem älteren Standpunkt ist der Glaube (das objektive Credo der Kirche) die Lehre des Christentums, die dem religiösen Subjekt als Wahrheit gegeben ist und bei welcher es stehenzubleiben hat; diesem Glauben steht die Überzeugung durch Vernunft entgegen. Der moderne Standpunkt (»jetzt«) verlegt den Glauben in das denkende Bewußtsein; hier ist er wesentlich »Verhalten des Selbstbewußtseins selbst zu den Tatsachen, die es in sich selbst findet, nicht zum objektiven

42 *Vorlesungen über die Philosophie der Religion* I/1, S. 140.

Inhalt der Lehre«.[43] Auf diesem Standpunkt – dem Bewußtseinsstandpunkt der modernen bürgerlichen Gesellschaft und ihrer Reflexionskultur – wird das Verhältnis von Wissen und Glauben zum Problem. Der Möglichkeit einer Versöhnung geht die Entzweiung voraus, die geschichtlich in die Epoche der Entstehung der Erfahrungswissenschaften fällt, deren Prinzip des »Selbstsehens, Selberempfindens, Selbstdenkens, Selberdabeiseins« sich innerhalb der neueren Philosophie als Recht des »freien Gedankens« gegen alle Autorität der Überlieferung geltend macht.[44]

Nach Hegel hat die Philosophie in dieser Epoche der neuzeitlichen Geschichte vier Alternativen der Versöhnung entwickelt: 1. die Alternative der doppelten Wahrheit, die Vernunft und Glaube voneinander trennt, um Kollisionen zwischen ihnen zu vermeiden, aber dabei mit dem Denken selbst, dem »Innersten« im Menschen kollidiert: »Es kann nur *ein* Innerstes geben; die Befriedigung dieses Innersten durch sich selbst kann also auch nur eine sein.«[45] 2. Die Alternative der Unterwerfung der Vernunft unter die Autorität des Glaubens, die »etwas Unmögliches« ist, weil die Vernunft nicht auf sich selbst Verzicht tun kann, – was die Autorität indirekt durch ihre Anwendung von Gewalt – Hegel erinnert an das Schicksal Vaninis – anerkannt hat. 3. Die Alternative der partiellen Verträglichkeit von Vernunft und Glaube durch die Unterscheidung in Lehren, die *gegen* die Vernunft, von solchen, die *über* ihr sind, so daß sie mit ihr nicht in Gegensatz zu geraten brauchen. 4. Die Alternative des unmittelbaren Glaubens,

43 *Vorlesungen über die Geschichte der Philosophie* III, *Werke* XIX, S. 249.

44 *Einleitung in die Geschichte der Philosophie* (s. o. Anm. 40), S. 165 ff.; *Beweise für das Dasein Gottes*, *Werke* XVI, S. 365.

45 *Einleitung in die Geschichte der Philosophie*, S. 197.

nach welcher die Religion bloß das Gefühl in Anspruch nimmt, weil in ihr nichts zu erkennen sei.[46] Obwohl Hegel die letztere Alternative am schärfsten kritisiert, ist sie die Folie und der geschichtliche Hintergrund seiner systematischen Auflösung des Problems. In ihr hat sich der freie Gedanke, die Autorität und den historisch überlieferten Glauben überhaupt verwerfend, auf das Extrem seiner Freiheit – das reine Bewußtsein der Transzendentalphilosophie – gesetzt und den Glauben selbst dahin getrieben, sich ebenso abstrakt auf sich zu setzen. Damit werden beide zu »formellen Extremen« ohne Inhalt, so daß sie nicht mehr mit der konkreten Bestimmung von *»religiösem Glauben* und *Denken der religiösen Gegenstände* sich gegenüberstehen, sondern *abstrakt* als Glauben überhaupt und als Denken überhaupt oder *Erkennen*«. Es ist die Dialektik jenes Standpunktes, daß in ihm alle Differenz zwischen Wissen und Glaube schwindet und der Glaube formal als »unmittelbares Wissen« definiert werden kann – ein Formalismus, der es der Reflexionsphilosophie (Jacobi, Fichte) z. B. erlaubte, »die sinnliche Gewißheit« des eigenen menschlichen Körpers und der Körper außer uns »nicht nur Glauben zu nennen, sondern aus ihr es abzuleiten oder zu bewähren, was die Natur des Glaubens sei«.[47] Die Folgerung, daß der Glaube durch die Kategorie der sinnlichen Gewißheit definiert werden könnte, lehnt Hegel mit Entschiedenheit ab. Gegen diesen modernen Glaubensbegriff, der freilich schon der antiken Skepsis bekannt und Jacobi durch Hume vermittelt war, beruft sich Hegel auf Luther und die kirchliche Tradition: »Die Kirche und Luther haben wohl gewußt, was sie gewollt haben mit dem Glauben; sie haben nicht αἴσθησις, Empfindung, Überzeugung, Liebe gesagt [und] daß man durch diese,

46 A.a.O., S. 198.

47 *Beweise für das Dasein Gottes*, *Werke* XVI, S. 366 f. und 384.

sondern daß man durch Glauben selig werde.«[48] Von dem, was in sinnlicher Gewißheit vor uns ist, sagen wir nicht, daß wir an es glauben: »Was ich unmittelbar vor mir sehe, das weiß ich: ich glaube nicht, daß ein Himmel über mir ist, den sehe ich.«[49] Das gleiche gilt für die intellektuelle Einsicht in die Notwendigkeit eines Sachverhalts wie z. B. den pythagoreischen Lehrsatz, von dem wir auch nicht sagen können, daß wir an ihn glauben, da wir hier die ganz andere Gewißheit des Beweises der demonstrativen Wissenschaft vor uns haben.

Glaube ist also nicht identisch mit sinnlicher Gewißheit und auch nicht das Wissen von der Notwendigkeit eines Sachverhalts. Gleichwohl ist er nach der Systematik der Hegelschen Religionsphilosophie weder von der Gewißheit noch vom Wissen getrennt. Die traditionelle Begriffstopik, wonach der Glaube zwischen den *Meinungen über Zufälliges* und dem *Wissen vom Notwendigen* stehe, wird von Hegel ebenso beiseite gesetzt wie die Bestimmung, daß er sich auf Dinge bezieht, die nicht in Erscheinung treten, im Unterschied zum Wissen, das seine Gewißheit »ex ipsa rerum evidentia« hat.[50] Der Grund liegt darin, daß Hegel das Verhältnis von Wissen und Glauben auf dem Boden und mit den Mitteln der modernen Bewußtseinsphilosophie auflöst. Der Gegensatz ist schon als solcher eine bloße Abstraktion, weil er in das Bewußtsein und die Selbstgewißheit seines Wissens fällt: »Vors erste, wenn der Gegensatz so ganz allgemein als *Gegensatz des Glaubens und Wissens*, wie man oft sprechen hört, gefaßt wird, so ist diese Abstraktion sogleich zu rügen; denn Glauben gehört dem *Bewußtsein* an, man *weiß von* dem, *was* man glaubt;

48 *Vorlesungen über die Philosophie der Religion* I/1, S. 288.
49 *Vorlesungen über die Philosophie der Religion, Werke* XV, S. 130.
50 Vgl. Thomas v. Aquin, *De veritate*, q. 14 a. 8 resp.

man weiß dasselbe sogar *gewiß*.«[51] Gewißheit nennt Hegel die »unmittelbare Beziehung des Inhalts und meiner«, Selbstgewißheit und Vergewisserung der Sache, in der Sprache der neuzeitlichen Bewußtseinsphilosophie ausgedrückt: »Ich weiß dies so gewiß, als ich selbst bin.«[52] Diese Gewißheit ist es, worin nach Hegel der »Nerv des Glaubens« liegt – die Selbstgewißheit des Bewußtseins, das Wissen und Glauben umfaßt. Beide sind nicht nur auf die mannigfaltigste Weise miteinander vermischt, sondern so innig verbunden, daß es kein Glauben gibt, welches nicht Wissen, und kein Wissen, welches nicht Glauben in sich enthielte, und sei es auch nur als »momentanen«, d. h. wieder verschwindenden und auftretenden Glauben an Voraussetzungen und Annahmen, die in jedem Erkenntnisvorgang gemacht werden und sich in seinem Verlauf als Resultate erweisen.[53] Ihr allgemeiner Gegensatz wird so auf das logische Verhältnis von Unmittelbarkeit und Vermittlung reduziert, das für Hegel in sich dialektisch, d. h. ein Wechselverhältnis und ein Herüber- und Hinübergehen beider Bestimmungen ist. Glaube ist unmittelbares Wissen von Gott und die unmittelbare, nämlich subjektive, empfundene Form der Gewißheit: *daß* wir überhaupt Gottes gewiß sind wie des eigenen Bewußtseins. Von dieser Gewißheit ist die Wahrheit unterschieden: daß Gott in Wahrheit und objektiv so *ist*, wie wir seiner im Glauben gewiß sind. Dazu bedarf es der Vermittlung des Wissens und einer höheren Form von Gewißheit, als sie der Glaube darstellt. Insofern wird er von Hegel auch als »Unmittelbarkeit im Wissen« definiert, die sich in der Vermittlung aufhebt.[54]

51 *Beweise für das Dasein Gottes, Werke* XVI, S. 379.
52 *Vorlesungen über die Philosophie der Religion, Werke* XV, S. 129.
53 *Beweise für das Dasein Gottes, Werke* XVI, S. 365.
54 A.a.O., S. 382.

V

Diese Verbindung von Wissen und Glauben in der Selbstgewißheit des Bewußtseins bildet die Grundlage des Versöhnungsprogramms von Philosophie und Religion in Hegels philosophischem System. Ich muß darauf verzichten, das Programm im einzelnen zu diskutieren, und berühre nur einige Punkte, die zu einem näheren Verständnis und nicht zuletzt für eine Kritik an ihm von Interesse sind.

1. Wenn der Glaube, nicht anders als das Wissen, Moment des Bewußtseins ist, so heißt das nicht, daß er mit einem bestimmten Bewußtseinsinhalt zusammenfällt. Aber er hat dieselbe Formalstruktur wie das Bewußtsein: Beziehung des Subjekts auf ein Objekt zu sein. Objekt des Glaubens ist Gott, Subjekt das menschliche Bewußtsein, das sich in der Religion zu Gott erhebt. Die Religionsphilosophie handelt demnach weder von Gott noch von der Beziehung des Bewußtseins auf ihn, sondern von beiden zumal: Ihr Thema ist das religiöse Verhältnis oder das »Zusammengebundensein« von Gott und Gottesbewußtsein, in dem Wissen und Glauben vereinigt sind.[55]

2. Eben diese Vereinigung wird von Hegel nicht mehr kritisch reflektiert, sondern er setzt sie überall als vollzogen voraus, weil die Religionsphilosophie selber der »Ausgleich des Gegensatzes« ist. Sie beginnt mit der Feststellung, daß in der modernen Welt ein äußerer Gegensatz, eine »Scheidewand«, ja ein »Riß« zwischen den exakten Wissenschaften und der Religion besteht: auf der einen Seite »endlicher Stoff, endliche Wissenschaft, Bewußtsein notwendiger Zusammenhänge«, aber ohne Mittelpunkt, auf der anderen Gott, das Unendliche in Glau-

55 Vgl. *Vorlesungen über die Philosophie der Religion, Werke* XV, S. 114 ff.

be und Gefühl als Mittelpunkt, aber ohne Erkenntnis und ohne »Konsequenz in Ansehung des Bestimmten«.[56] Aus ihm leitet Hegel das systematische Bedürfnis der Religionsphilosophie und ihre Notwendigkeit für das seiner selbst gewisse Bewußtsein ab: Sie zeigt das Ewige, Unendliche als in ihm selbst bestimmt oder sie erkennt es als »mein Selbst, meine Reflexion, Selbstbewußtsein, meine Freiheit und damit als absolute Objektivität und Subjektivität. Ich als einfach, allgemein, als Denken, bin *Beziehung überhaupt;* indem ich für mich, Selbstbewußtsein bin, sollen die Beziehungen auch für mich sein.«[57] Hegel löst den Gegensatz also nicht an ihm selbst, sondern für das Bewußtsein auf. Darin liegt die Schwäche seines Versöhnungsprogramms. Indem er ihn in das religionsphilosophische Bewußtsein verlegt, bringt er seine äußere Existenz zum Verschwinden. So macht die Religionsphilosophie in ihrem Fortgang von dem von ihr erst entdeckten Gegensatz zwischen Wissenschaft und Religion überhaupt keinen Gebrauch mehr. Das religionsphilosophische Bewußtsein kennt nur noch die Unterscheidung von Wissen und Glauben, die für es ohne eigentlichen Unterschied ist. Was geschieht aber, wenn das Bewußtsein nicht, wie bei Hegel vorausgesetzt, seiner selbst so gewiß ist, daß es den Gegensatz auszuhalten und in sein Inneres zurückzunehmen weiß, – eine Frage, die angesichts der weiteren Entwicklung des Zwiespalts von Religion und Wissenschaft in der Zeit nach Hegels Tod notwendig gestellt werden muß. Die Alternative zur Versöhnung wäre dann die Verzweiflung des Bewußtseins, die in der Religionsphilosophie gelegentlich angedeutet wird, und der Zweifel an einer geschichtlichen Realisierung des Versöhnungsprogramms für die moderne Welt selber, der an ihrem Schluß von Hegel

56 *Vorlesungen über die Philosophie der Religion* I/1, S. 21 f.
57 A.a.O., S. 22.

ernsthaft in Betracht gezogen worden ist: das Volk verlassen von seinen Lehrern, den Theologen, die Versöhnung in der Philosophie, aber nur partiell und für wenige: »Wie sich die zeitliche Gegenwart herausfindet, ist ihr zu überlassen.«[58]

3. Um Mißverständnisse zu vermeiden, sei hier noch einmal hervorgehoben, daß die Auflösung des Gegensatzes von Wissen und Glauben im Bewußtsein nicht selber schon die Versöhnung, sondern ihre Grundlage ist. Sie darf also auch nicht mit Hegels Ineinssetzung von Philosophie und Religion bzw. Theologie verwechselt werden, die sehr wohl einen Unterschied festhält. Geschichtlich gesehen liegt die Möglichkeit der Versöhnung darin, daß der alte Gegensatz von Glaube (fides) und Vernunft (ratio) durch die Macht der Entzweiung und Differenz, als welche die bürgerliche Gesellschaft in die moderne Welt tritt und sich in der Diskontinuität zur Tradition konstituiert, überholt und jetzt in der Selbstgewißheit des religiösen Subjekts ausgetragen wird. Unter dieser Voraussetzung heißt Versöhnung nicht: Akkommodation an die Religion einer unentzweiten und barbarischen Gesellschaftsverfassung, sondern systematische Einholung des überlieferten Christentums in das von ihm emanzipierte Bewußtsein durch Kritik seiner dogmatischen Vorstellungsform.

Ich verdeutliche das am Beispiel des Trinitätsdogmas, das vom jungen Hegel wegen moralischer Unwichtigkeit verworfen worden war. Die Trinität ist das eigentliche Mysterium Gottes und als solches weder gegen noch über die Vernunft, sondern die Vernunft selbst in ihrer gegensätzlichen Bewegung. Dem gläubigen Bewußtsein zerfällt es in eine Folge von Personen und Begebenheiten, die eine Geschichte ausmachen, in der Ewiges und Zeitliches vermischt

58 Vgl. a.a.O., II/2, S. 231.

und Endliches und Unendliches auf unklare Weise miteinander verknüpft sind: Gott als Vater, Christus als Gottes Sohn, der die von ihm abgefallene Schöpfung wieder zu Gott zurückführt. Das seiner selbst gewisse Bewußtsein hingegen, das den Schritt vom Glauben zum Wissen getan und ihre Einigung vollzogen hat, faßt die drei Momente nicht in ihrer zeitlichen Geschichte auf, weil sie ihm von Ewigkeit her, die ewige Geschichte oder die Natur des Geistes selber sind: der Prozeß des Sichsetzens, Sichunterscheidens und Insichzurücknehmens. Der Sinn dieser Auffassung ist, daß es sich in jener ewigen Geschichte einbegriffen und von der Geistlosigkeit des positiven Dogmas ebenso befreit wie von der potentiellen Geschichtslosigkeit frei weiß, die das geschichtliche Wesen der modernen bürgerlichen Gesellschaft ist.

4. Diese Lösung des dogmatischen Problems führt am Ende auf die Frage zurück, was für den so verstandenen Glauben und sein Schicksal in der modernen Welt »Geschichte« bedeutet. Im Verhältnis zu seinen eigenen Anfängen und zu seinen Vorgängern im 18. Jahrhundert hat Hegel in der Religionsphilosophie die falsche Abstraktion von geschichtslosem Vernunftglauben und unvernünftigem Geschichtsglauben durch die Aufhebung der Idee von der Unveränderlichkeit Gottes zugunsten eines vernünftigen Geschichts- und geschichtlichen Vernunftglaubens überwunden. Für die theologische Tradition ist Gott das ewig vollkommene Wesen, von dem Veränderung, Entwicklung, Wachstum usf. nur in bezug auf das gläubige Subjekt ausgesagt werden können: »Crescat ergo Deus, qui semper perfectus est, crescat in te [...]«[59] Dagegen betrachtet ihn die Hegelsche Religionsphilosophie nicht mehr in der Redeweise der metaphysischen Theologie als

59 Augustin, *Tract. in Ioh.* XIV n. 5 (CChr 36, 144, 31 f.).

jene unveränderliche und für sich seiende Substanz (ens, substantia), sondern – und das ist die wichtigste Folge ihrer systematischen Grundlegung in der Gewißheit des Bewußtseins – als die Selbstentwicklung der Substanz zum Subjekt und umgekehrt: Gott *hat* nicht nur, sondern *ist* Geschichte. Die Frage nach dem Verhältnis von Wissen und Glauben ist damit nicht aufgelöst, sondern entläßt aus sich das weit schwierigere und eigentlich bedrängende Problem von Glauben und Geschichte, das seit Hegel die theologische Diskussion bewegt.

Freiheitsgesetz und Herrschaft der Natur: Dichotomien der Rechtsphilosophie

In der *Vorrede* zur *Rechtsphilosophie* stellt Hegel die in ihr entwickelte Theorie der »sittlichen Welt« der Philosophie der Natur gegenüber. In bezug auf die Natur gebe jedermann zu, daß die Philosophie sie zu erkennen habe, *wie sie ist*, daß sie »an sich« *vernünftig* sei und die Wissenschaft die in ihr gegenwärtige *wirkliche* Vernunft zu begreifen habe, während die von Menschen hervorgebrachte und von seinem Willen abhängige sittlich-geschichtliche Welt dem Zufall und der Willkür preisgegeben und insofern gesetz- und vernunftlos sein soll.[1]

An diese Gegenüberstellung, die einen alten Topos der Philosophiegeschichte aufnimmt, schließt sich in der von Eduard Gans besorgten zweiten Ausgabe der *Rechtsphilosophie* (1833) eine längere Anmerkung über den Unterschied zwischen Natur- und Rechtsgesetzen an, den Hegel nicht im Text des Werkes selbst, wohl aber in seinen Einleitungsvorlesungen der Berliner Zeit behandelt hat.[2] Nach der hier getroffenen Unterscheidung, die sich ebenfalls an eine alte Begriffstopologie anlehnt, gibt es »zwei-

1 *Grundlinien der Philosophie des Rechts, Vorrede*, in: Hegel, *Sämtl. Werke*, ed. H. Glockner, 1927–1930, Bd. 7, S. 23 ff. (Jub.-Ausg.), im folgenden zitiert *Rph.*)

2 Der von Gans edierten Anmerkung liegt ein Passus der Vorlesungsnachschrift von H. G. Hotho aus dem Wintersemester 1822/23 zugrunde. Vgl. *Philosophie des Rechts. Nach dem Vortrage des H. Prof. Hegel, im Winter 1822/23*, Berlin. Hdschr. 2, S. 1-4 (Hegel-Nachlaß der Staatsbibliothek der Stiftung Preußischer Kulturbesitz, Berlin). Vgl. ferner *Vorlesungen über Philosophie des Rechts WS 1824/25*, Nachschrift v. Griesheim, Ms. germ. quart. 545, S. 13 f.

erlei Arten von Gesetzen, Gesetze der Natur und des Rechts«. Die Naturgesetze sind schlechthin und gelten so, wie sie sind, so daß wir die »Natur überhaupt« als von Gesetzen bestimmt denken. Sein und Geltung (Sollen) fallen in der Sphäre der Naturgesetze zusammen: »Diese Gesetze sind richtig, nur unsere Vorstellung kann davon falsch sein. Der Maßstab dieser Gesetze ist außer uns und unsere Erkenntnis tut nichts zu ihnen hinzu, befördert sie nicht, nur unsere Erkenntnis über sie kann sich erweitern.«[3] Insofern unterscheiden sie sich nicht von den Gesetzen des Rechts, die wir auch »von außen«, als etwas Gegebenes kennen lernen, und der Jurist bleibt notwendig auf diesem Standpunkt des Gegebenseins stehen, wonach die Gesetze eben deshalb *gelten,* weil sie *gesetzt* sind. Aber an der Verschiedenheit und Wandelbarkeit der Rechtsgesetze wird deutlich, daß sie nicht so »absolut« sind wie die Gesetze der Natur, daß Sein und Geltung hier auseinanderfallen. Die Rechtsgesetze sind im buchstäblichen Sinne »Gesetztes«, ein vom Menschen »Herkommendes«, das von seinem Willen und Bewußtsein abhängt. Während die Naturgesetze das Sein der Dinge unmittelbar bestimmen und in ihrer Geltung wesentlich unwandelbar sind, befinden sich die Gesetze des Rechts infolge dieser Abhängigkeit in einem steten Wandel. Sie haben eine Geschichte, weshalb sie der Mensch nicht unmittelbar sein und gelten läßt, sondern ihr Sein und ihre Geltung durch ihn selbst, die Subjektivität seines Willens und Bewußtseins vermittelt. Wir können uns der Notwendigkeit der Gewalt und Autorität der von einem Gesetzgeber erlassenen Gesetze nicht so unterwerfen wie der Notwendigkeit von Naturgesetzen, die den Ablauf der außermenschlichen Dinge regulieren, weil der Maßstab

3 Vgl. a.a.O. S. 1 mit *Rph., Vorrede,* S. 24, Anm.

dieser Gesetze nicht mehr nur außer uns, sondern in uns liegt. In der Natur findet ein Gesetz seine höchste Bewährung darin, daß es überhaupt ist, in der Sphäre des Rechts hat ein Gesetz seine Bewährung nicht in seinem Sein, sondern darin, daß es gewußt und gewollt wird, weshalb allein hier der Widerstreit zwischen Sein und Sollen möglich ist. Der wichtigste Gesichtspunkt in jener Gegenüberstellung von Natur- und Rechtsgesetzen ist jedoch nicht dieser seit Hobbes, Hume und Kant aufgebrochene Dualismus in den Grundbegriffen des Naturrechts. Was Hegel interessiert, ist ein weit tiefer reichender Dualismus in der Systematik dieser Begriffe – der Gegensatz zwischen *Natur* und *Geist*, der den *Widerstreit von Sein und Sollen dadurch aufhebt, daß er ihn radikalisiert*. Auf diesen Gegensatz spitzt sich die Hegelsche Gegenüberstellung zu: »Wenn wir diesen Unterschied der beiden Arten von Gesetzen betrachten und fragen, was der Boden ist, welchem die Gesetze des Rechts angehören, so sehen wir: das Recht kommt nur aus dem Geist, denn die Natur hat keine Rechte. So ist eine Welt der seienden Natur und eine geistige Welt der Natur gegenüber.«[4] In diesem Sinne sagt Hegel im § 4 der *Rechtsphilosophie*, daß der *Boden des Rechts* überhaupt »das Geistige« und sein Ausgangspunkt der sich selber wollende »freie Wille« sei, der im *System des Rechts seine geschichtliche Gestalt*, das »Reich der verwirklichten Freiheit« hat – »die Welt des Geistes aus ihm selbst hervorgebracht, als eine zweite Natur«.[5]

4 A.a.O., S. 2.
5 *Rph.*, Einleitung, § 4, S. 50.

I

Die Welt des Geistes als zweite Natur – das ist nicht die δεύτερα φύσις des Aristoteles, die auf Gesetz (νόμος) und Gewohnheit (ἦθος) beruhende naturwüchsige Sitte und Polissittlichkeit, sondern eine Natur, die von Menschen hervorgebracht und ins Werk gesetzt ist und insofern Hobbes' *Leviathan* nähersteht als der *Nikomachischen Ethik* oder der *Politik* des Aristoteles. Tatsächlich finden sich fast alle Prädikate, mit denen Hegel die Natur- und Rechtsgesetze voneinander unterscheidet, in jener klassischen Gegenüberstellung von »natürlichen« und »künstlichen« Gesellschaften wieder, mit der Hobbes am Beginn der modernen Naturrechtstheorie die Aristotelische Naturtheorie der Polis und zugleich die traditionell-sophistische Alternative zwischen Nomos und Physis unterlaufen hat. Die Eintracht in »natürlichen Gesellschaften« – nach Hobbes wie Hegel die Eintracht der Tiere – ist »Gottes Werk, vermittelt durch die Natur«, die Eintracht der Menschen hingegen ist »künstlich«, durch Vereinbarung der Willen (Verträge) vermittelt.[6] Und in Übereinstimmung mit Hegel betrachtet auch Hobbes das Natürliche zunächst als das Beständige und Notwendige, während das vom Menschen hervorgebrachte künstliche Werk der Gesetze und Verträge gerade auf Grund seiner Abhängigkeit vom menschlichen Willen als willkürlich und wandelbar gilt. Dahinter steht noch ganz die Begriffstopik von Physis und Nomos: das Natürliche ist unabhängig von Vertrag und Handlung (bei Hegel: vom Willen und Bewußtsein) da, während das Künstliche an sie gebunden bleibt. Aber Hobbes zieht aus dieser Gegenüberstellung eine von der sophistischen Alternative und

6 *Elements of Law*, I, c. 19,5; *De cive* II, c. 5,5; *Leviathan* II, c. 17.

ihrer Auflösung bei Plato und Aristoteles abweichende Folgerung. Er will nicht mehr zeigen, daß nur eine natürliche, d. h. am Maßstab der Natur orientierte Gesellschaft den einzelnen verpflichten könne, während eine künstliche ihn freiläßt, sondern nachweisen, daß nur eine im strengen Sinne »künstliche« Gesellschaft die Bürger zum Gehorsam verpflichtet – in bezug auf die Natur kann der Begriff der »Verpflichtung« nicht mehr sinnvoll gebraucht werden. Insofern hat sich der mit den Begriffen des »Natürlichen« und »Künstlichen« verbundene Gedanke an eine Verpflichtung gegenüber der Alternative von Nomos und Physis geradezu umgekehrt.[7]

Was diese Umkehrung für die Theorie des neueren Naturrechts bedeutet, läßt sich aus der Funktion des biblischen Schöpfergottes ablesen, der das Natürliche zu einem Geschaffenen herabsetzt, das seinen Grund nicht mehr in sich selber, sondern im Willen Gottes hat. Für den Begriff der Verpflichtung heißt das: wenn das Natürliche jetzt noch zu etwas für den Menschen Verbindlichem erklärt werden soll, kann der Grund dieser Verbindlichkeit nicht mehr in der Natur liegen, sondern nur noch von ihr getrennt im Willen Gottes. Dieses Modell läßt als nächsten Schritt die Abwandlung zu, der Verbindlichkeit der »Natur« überhaupt eine gänzlich andere entgegenzusetzen, auch wenn dabei auf ihre Ableitung aus dem Willen des biblischen Schöpfergottes verzichtet wird.[8] Nach Hegels Auffassung ist diesen Schritt nicht Hobbes, sondern Rousseau gegangen, dem im § 258 der *Rechtsphilosophie* als Verdienst angerechnet wird, »ein Prinzip, das nicht

7 Vgl. dazu F. O. Wolf, *Die Neue Wissenschaft des Thomas Hobbes. Zu den Grundlagen der politischen Philosophie der Neuzeit*, Stuttgart–Bad Cannstatt 1969, S. 82 ff.

8 Vgl. F. O. Wolf, S. 84, der diesen Gesichtspunkt nachdrücklich herausgearbeitet hat.

nur seiner Form nach (wie etwa der Sozialitätstrieb, die göttliche Autorität), sondern dem Inhalte nach *Gedanke* ist, und zwar das *Denken* selbst ist, nämlich dem *Willen* als Prinzip des Staats aufgestellt zu haben«.[9] Rousseau hat das »Innerste des Menschen«, die Freiheit als »Einheit seiner mit sich« zur Grundlage des Rechts erhoben und ihm damit gegenüber der Natur bzw. dem auf sie übertragenen Willen Gottes eine »unendliche Stärke« gegeben.[10] Gleichwohl entsteht der Gegensatz zwischen Natur, Freiheit und Recht bereits im Werk des Thomas Hobbes, mit dem für Hegel die eigentliche Geschichte des modernen Naturrechts beginnt. Denn er hat zuerst »den Staatsverband, die Natur der Staatsgewalt auf Prinzipien zurückzuführen versucht, die in uns selbst liegen, die wir als unsere eigenen anerkennen«.[11] Hobbes bricht mit der Annahme eines dem menschlichen Willen übergeordneten, die Dinge beherrschenden Zweckgesetzes der Natur (lex naturalis), das die Vernunft, um eine »richtige« (recta ratio) zu sein und »gerechtes« Handeln zu ermöglichen, nur abzubilden oder nachzuahmen habe. Bei ihm steht die Theorie des Rechts und der Gesellschaft nur noch insofern unter Bedingungen der Natur, als ihr »Gesetz« Bedingungen enthält, welche die Preisgabe des Rechts der Natur notwendig machen. Durch Hobbes entsteht im überlieferten Titel des Naturrechts eine »Zweideutigkeit«, die für Hegel von höchster Wichtigkeit ist und auf die er in seiner Hobbes-Vorlesung aufmerksam macht: »Der Ausdruck Natur hat diese Zweideutigkeit, daß Natur des Menschen seine Geistigkeit, Vernünftigkeit ist; sein Naturzustand ist aber der andere Zustand, daß der Mensch nach seiner Natür-

9 *Rph.*, § 258 Anm., S. 330.

10 *Vorlesungen über die Geschichte der Philosophie*, Bd. 3, *Sämtl. Werke* Bd. 19, S. 527.

11 Vgl. a.a.O., S. 442.

lichkeit sich benimmt.«[12] Nach Hegel steigert sie sich bei Rousseau, der den von Hobbes vollzogenen Bruch mit der überlieferten Naturrechtstheorie vertieft. Rousseau faßt die »Geistigkeit, Vernünftigkeit« des Menschen als seine *Freiheit*, die ihn aus der Natur herausstellt und sein wesentliches Unterscheidungsmerkmal zum Tier ist. Während Hobbes neben dem auf Vertrag beruhenden institutivem oder »künstlichem« Herrschaftsverband den »natürlichen« des Herr-Knecht-Verhältnisses bestehen läßt, fragt Rousseau nach der absoluten Berechtigung von Herrschaft überhaupt. Zum Prinzip dieser Berechtigung aber macht er weder ein positives Recht noch die von Hobbes zugrunde gelegten Naturgesetze, sondern die Freiheit. Ohne Rücksicht auf seine Vorgänger im 17. Jahrhundert, die er mit Aristoteles als dem Apologeten und Caligula als dem Praktiker der menschlichen Knechtschaft und Unterwerfung auf eine Stufe stellt, und ohne Rücksicht auf die geltenden Rechtsgesetze der europäischen Staaten hat »er auf die obige Frage geantwortet: Daß der Mensch freien Willen hat, indem die Freiheit das Qualitative des Menschen sei. Auf seine Freiheit Verzicht tun, heißt darauf Verzicht tun, daß man ein Mensch ist. Nicht frei zu sein, ist Verzichtleistung auf alle Pflichten und Rechte«.[13] Rousseaus Prinzip, daß der Mensch frei und der auf der Grundlage des »allgemeinen Willens« errichtete Staat die Realisierung dieser Freiheit sei, muß man, wie Hegel sagt, »richtig finden«. Eine »Zweideutigkeit« entsteht bei Rousseau erst dadurch, daß er den allgemeinen Willen aus dem

12 A.a.O., S. 443.

13 A.a.O., S. 527, Hegel zitiert die bekannte Stelle des *Contrat Social*, l. I, c. IV. Vgl. c. I, VII, XI; l. III, c. IX Anm.; *Discours sur l'origine de l'inégalité parmi les hommes*, ed. K. Weigand, Hamburg 1955, S. 106 f. Vgl. ferner *Vorlesungen über die Philosophie der Weltgeschichte*, Bd. 4, S. 920 ff.

Willen des Einzelnen, ihrer natürlichen Freiheitsneigung, »zusammengesetzt« sein läßt. Somit hebt die »Freiheit der Natur« – die Spontaneität des individuellen Willens – die »Freiheit als das schlechthin Absolute« wieder auf, die Rousseau im Begriff des allgemeinen Willens gedacht hat.[14] Gleichwohl bringt er zum Bewußtsein, daß die Freiheit das schlechthin Absolute, der »Begriff des Menschen« ist: »Eben die Freiheit ist das Denken selbst; wer das Denken verwirft und von Freiheit spricht, weiß nicht was er redet. Die Einheit des Denkens mit sich ist die Freiheit, der freie Wille ... Der Wille ist nur als denkender frei. Das Prinzip der Freiheit ist aufgegangen und hat dem Menschen, der sich selbst als Unendliches faßte, diese unendliche Stärke gegeben.«[15] Was der Wille an ihm selbst ist, kann weder durch die Analogie der Natur und ihrer »Gesetze« noch durch seinen bloßen Gegensatz zur Natur oder der natürlich bestimmten freien Willkür begriffen werden. *Der Wille* – das hat Rousseaus Berufung auf den »allgemeinen Willen« als Grundprinzip des Staates in Erinnerung gebracht – *muß heraus aus diesen Gegensätzen.* Er ist nur dann frei, wenn er »nichts Andres, Äußerliches, Fremdes will, denn da wäre er abhängig, sondern nur sich selbst – den Willen will. Der absolute Wille ist dies, frei sein zu wollen«. Mit dieser Idee des freien Willens vollendet Rousseau die von Hobbes begonnene *Inversion der Teleologie der Natur,* die der lex naturalis des traditio-

14 Vgl. a.a.O., S. 528: »Diese Prinzipien, so abstrakt dargestellt, muß man richtig finden; doch die Zweideutigkeit beginnt dann bald. Der Mensch ist frei, dies ist freilich die substantielle Natur des Menschen; und sie wird im Staat nicht nur aufgegeben, sondern in der Tat erst konstituiert. Die Freiheit der Natur, die Anlage der Freiheit ist nicht die wirkliche; denn der Staat erst ist die Verwirklichung der Freiheit.« Vgl. ferner *Enzyklopädie,* § 163, *Werke* Bd. 8, S. 360; *Philosophie des Rechts,* § 258, S. 530 ff.

15 Vgl. a.a.O., S. 528 f.

nellen Naturrechts zugrunde liegt, *in die Subjektivität des sich selber wollenden und denkenden Individuums.* An die Stelle der Verbindlichkeit der Natur und des bei Hobbes so zweideutigen Rekurses auf den Willen des Schöpfergottes tritt die Verbindlichkeit des absolut gewordenen Willens. Diese Abwandlung des Hobbes'schen Modells durch Rousseau hat Hegel erkannt und als die wichtigste Voraussetzung seines eigenen Rechtsbegriffs anerkannt: »Der absolute Wille ist dies, frei sein zu wollen. Der sich selber wollende Wille ist der Grund alles Rechts und aller Verpflichtung und damit aller Rechtsgesetze, Pflichtengebote und auferlegten Verbindlichkeiten. Die Freiheit des Willens selbst, als solche, ist Prinzip und substantielle Grundlage alles Rechts, ist selbst absolutes, an und für sich ewiges Recht und das höchste, insofern andre, besondere Rechte daneben gestellt werden, sie ist sogar das, wodurch der Mensch Mensch wird, also das Grundprinzip des Geistes.«[16] Von hier aus leitet Hegel den Übergang zur Kantischen Philosophie ab. Kant bereitet der bei Rousseau noch vorhandenen »Zweideutigkeit« im Begriff des Naturrechts ein Ende, indem er die Gesetzgebung der Natur von der der Freiheit, den »empirischen« vom »freien und reinen Willen« radikal trennt.[17] Der »Begriff« des Willens gelangt auf dem transzendentalphilosophischen Standpunkt zur Verständigung über sich selber. Die »einfache Einheit des Selbstbewußtseins«, das »Ich« ist die von aller vorgegebenen Naturordnung losgelöste, »undurchbrechbare, schlechthin unabhängige Freiheit und Quelle aller allgemeinen, d. i. Denkbestimmungen, – die theoretische Vernunft, und ebenso das höchste aller praktischen Bestimmungen –, die praktische Vernunft, als freier und reiner Wille; und die Vernunft des Willens ist eben, sich in

16 *Vorlesungen über Philosophie der Weltgeschichte*, Bd. 4, S. 921 f.
17 A.a.O., S. 529 f., 552, 590.

der reinen Freiheit zu halten, in allem Besonderen nur sie zu wollen, das Recht nur um des Rechts, die Pflicht nur um der Pflicht willen«.[18] Das »Bewußtsein des Geistigen« wird damit zum Fundament der Rechtsphilosophie. Sie findet ein »Gedankenprinzip für den Staat [...], das nun nicht mehr irgendein Prinzip der Meinung ist, wie der Sozialitätstrieb, das Bedürfnis der Sicherheit des Eigentums usf. noch der Frömmigkeit, wie die göttliche Einsetzung der Obrigkeit, sondern das Prinzip der *Gewißheit*, welche die Identität mit meinem Selbstbewußtsein ist [...]«[19]

II

Diese Beurteilung des Rechtsprinzips von Hobbes, Rousseau und Kant muß man vor Augen haben, wenn man das Verhältnis von Natur und Freiheit im System der *Rechtsphilosophie* und ihre eigentümlich ambivalente Stellung am Ausgang des modernen Naturrechts begreifen will. Hegel steht auf dem von Hobbes bereiteten Boden der Naturrechtstheorie, und zwar in einem doppelten Sinne: einmal auf dem Boden des für sie konstitutiven Naturbegriffs und zum anderen auf der Voraussetzung eines von gegebenen natürlichen und geschichtlichen Gewalten emanzipierten Willens, der sich durch seine eigene Bewegung zu allen Gegebenheiten erst in ein Verhältnis bringen und sie mit sich vermitteln muß. Die *Rechtsphilosophie* teilt mit dem Naturrecht des 17. und 18. Jahrhundert die Idee einer wesentlich privativen, durch die Abwesen-

18 A.a.O., S. 922.

19 a.a.O., S. 924. Vgl. dazu meinen Aufsatz *Hegels Kritik des Naturrechts*, in: *Hegel-Studien*, Bd. 4, 1967, S. 178 ff., jetzt auch in den *Studien zu Hegels Rechtsphilosophie*, Frankfurt a. M. 1969, S. 42 ff.

heit »natürlicher« Zwecke und ihrer Hinordnung zu einem »letzten« Zweck definierten Natur. Als Teil der *Philosophie des Geistes* kennt sie keinen Stufengang der Natur, der sich nach scholastischer Ansicht im »Reich der Gnade« (regnum gratiae) fortsetzt, dessen Glieder einen jeweils natürlichen Ort innehaben. Sie kennt auch nicht jene Lehre von der prästabilierten Harmonie zwischen dem »Reich der Natur« und dem »Reich der Zwecke«, die verschiedenen Ursachen und Gesetzen gehorchen und in denen doch, kraft dieser Harmonie, die Wege der Natur von selbst zur Gnade führen.[20] Das »Reich des Geistes«, dessen Verwirklichung sie zur Darstellung bringt, setzt eine Teleologie voraus, die dem freien Willen selbst immanent und jene Bewegung des »Begriffs« ist, der alle Realität durchdringt und darin seine Freiheit gewinnt. Der Stufengang des Geistes steht nicht unter Naturbegriffen; er beruht auf seinem Begriff selbst, und das heißt für Hegel: der Freiheit, die nur als fortschreitende *Befreiung* von der Natur und als *Hervorbringung* einer »zweiten Natur«, der geschichtlichen Welt des Geistes ihr Dasein hat. Das *Reich des Geistes* ist das *Reich der Freiheit* und als solches keine natürliche Hierarchie oder ein weltloses Geisterreich, sondern die »Welt des Geistes aus ihm selbst hervorgebracht«.[21] Innerhalb dieser Welt – der »zweiten Natur« – verhalten sich Natur und Freiheit wie Geist zur Natur, nämlich unerträglich. »Die Natur des Geistes läßt sich an seinem vollkommensten Gegensatz erkennen. Wir stellen den Geist der Materie gegenüber. Wie die Schwere die Substanz der Materie, so, müssen wir sagen, ist die Freiheit die Substanz des Geistes.«[22] Es ist derselbe Antagonismus, der, auf der Ebene der Naturrechts-

20 Leibniz, *Monadologie* (1714), § 88.
21 *Rph.* § 4; *Enzyklopädie*, § 381.
22 *Die Vernunft in der Geschichte*, hrsg. von J. Hoffmeister, 5. Aufl.,

theorie, den für sie konstitutiven Begriff von Natur beherrscht. Dieser Begriff, der in der Lehre vom Naturzustand eine ebenso fundamentale wie verhängnisvolle Rolle spielt, hat für Hegel einen »wichtigen, zu absolutem Irrtum verleitenden Doppelsinn. Einerseits bedeutet Natur das natürliche Sein, wie wir uns nach den verschiedenen Seiten unmittelbar geschaffen finden, die unmittelbare Seite unseres Seins. Dieser Bestimmung gegenüber und unterschieden von ihr heißt Natur auch der Begriff, Natur der Sache heißt Begriff der Sache, das, was sie vernünftigerweise ist, und diese Sache kann etwas ganz anderes sein als bloß natürlich«.[23] Wenn »Natur« den Begriff der Sache bezeichnet, dann muß das Recht im Naturzustand als jenes Recht aufgefaßt werden, »das dem Menschen nach seinem Begriffe, dem Begriffe des Geistes zukommen soll«. Dies aber darf nicht verwechselt werden mit dem, was der Geist in seinem natürlichen Zustande, dem Zustand der Unfreiheit und Abhängigkeit von der Natur ist. Deshalb sagt Hegel mit Hobbes und Spinoza: *Exeundum est e statu naturae.*

Der a-teleologische Sinn dieses Satzes gewinnt im 18. Jahrhundert auf dem Hintergrund der modernen Naturwissenschaft eine eigentümliche Verschärfung und Zuspitzung. Solange die Natur als eine von Zwecken bewegte Ordnung bestimmt worden war, konnte auch die Freiheit auf sie bezogen und das menschliche Handeln als ihre Fortsetzung oder Nachahmung gedacht werden. Mit der Konstituierung der Natur zu einem mathematisch beschreibbaren und mechanisch verfaßten Kausalzusammenhang wird dieser Rückbezug unmöglich; der Gedanke der Freiheit – das macht Kants *Kritik der reinen Vernunft*

Hamburg 1955, S. 55; *Enzyklopädie*, § 381, Zusatz, Werke Bd. 10, S. 19 f.

23 *Die Vernunft in der Geschichte*, a.a.O., S. 117.

für die ganze Epoche der Neuzeit deutlich – findet in der Natur nicht mehr das Analogon des Zweckes und stellt sich damit auf sich selbst. Das ist auch für Hegels Philosophie des Rechts von entscheidender Bedeutung. Zwar kennt sie für ihren Grundbegriff der Freiheit im Begriff der Schwere eine Art natürlicher Analogie, aber es handelt sich dabei um eine Kategorie, die selbst erst seit der Newtonschen Physik das systematische Verständnis der Natur fundiert. Die Freiheit des Willens, so heißt es im Zusatz zu § 4 der *Rechtsphilosophie,* sei am besten durch eine »Hinweisung« auf die physische Natur zu erklären. Freiheit und Schwere sind »Grundbestimmungen« des Willens und der Körper, d. h. solche Bestimmungen, die für sie nicht zufällig, sondern notwendig und wesentlich, ihre Elementarbestimmungen sind: »Wenn man sagt, die Materie ist schwer, so könnte man meinen, dieses Prädikat sei nur zufällig: es ist es aber nicht, denn nichts ist schwer an der Materie: diese ist vielmehr die Schwere selbst. Die Schwere macht den Körper aus und ist der Körper. Ebenso ist es mit der Freiheit und dem Willen, denn das Freie ist der Wille. Wille ohne Freiheit ist ein leeres Wort, so wie die Freiheit nur als Wille, als Subjekt wirklich ist.«[24] In der Schwerkraft streben die natürlichen Körper nach einem Mittelpunkt, dem Gravitationszentrum des durch ihre Lage und ihr Verhältnis im Raume definierten physikalischen Systems, das ihnen aber als Zentrum ständig äußerlich bleibt. In der Freiheit als der Grundbestimmung des Willens bezieht sich der Wille dagegen beständig auf sich, ja, die Beziehung auf sich ist geradezu die Grundlage oder die Substanz des Willens, der zwar auch nach einem Mittelpunkt strebt, aber nach einem solchen, den er immer schon in sich hat: »Er hat die Einheit nicht außer sich; er

24 *Rph.*, § 4, Zusatz, S. 50.

findet sie beständig in sich, er ist in und bei sich selbst. Die Materie hat ihre Substanz außer ihr; der Geist dagegen ist das Beisichselbstsein, und dies eben ist die Freiheit.«[25]

Die zweite Voraussetzung, die Hegel mit dem modernen Naturrecht teilt, betrifft die Genese des »freien Willens«, seines »Begriffs«, auf der die Rechtsphilosophie statt jenes teleologischen Stufengangs einander unter- und übergeordneter Herrschafts- und Gesellschaftsverbände, wie sie die aristotelisch-scholastische Naturrechtstheorie kennzeichnet, beruht. Obwohl sich Hegel nachdrücklich von den theoretischen Extremen der Hobbes, Rousseau und Kant distanziert, bleibt die Gesamtdisposition der *Rechtsphilosophie* in einem wesentlichen Punkt naturrechtlich: ihre begriffliche Entwicklung beginnt mit dem »einzelnen Willen eines Subjekts« in seinem Verhältnis zu den Dingen der Natur (Eigentum) und zu anderen Einzelwillen (Vertrag)[26], – dem Recht, das als »abstraktes« Recht den vorpolitischen Zustand der Naturrechtslehre reproduziert. Der vom Einzelwillen ausgehende Aufbau durchzieht – was man oft übersehen hat – das ganze System, und zwar bis hin zur Ableitung des im »Staat« konzentrierten Willens, der nach Hegel ebenfalls ein »einzelner« (der des Monarchen) sein muß.[27] Allerdings ist dieser Einzelwille nicht der »freie« im Sinne des Naturrechts, nicht die zufällig-individuelle Willkür eines jeden, mit deren wechselseitiger Beschränkung das Recht, der Begriff des allgemeinen Willens entsteht. Weil Hegel den Begriff des Willens als Gegenstand der *Rechtsphilosophie* erst dann einführt, nachdem er in der Lehre vom subjektiven Geist von

25 *Die Vernunft in der Geschichte*, a.a.O. S. 55.

26 Vgl. *Enzyklopädie*, §§ 400 ff.; *Rph.*, §§ 34 ff. – Das zur Unmittelbarkeit des freien Willens gehörige Moment der Einzelheit hebt Hegel immer wieder hervor, so §§ 13 Anm., 39, 43, 46, 52.

aller zufälligen Naturbestimmtheit bereits gereinigt worden ist, geht ihre Begriffsgenese von dem im Einzelwillen enthaltenen »allgemeinen Willen« aus. Der freie Wille ist so für Hegel die »Einheit des vernünftigen Willens mit dem einzelnen Willen, welcher das unmittelbare und eigenthümliche Element der Betätigung des erstern ist«.[28] Das bedeutet jedoch keine Zurücknahme, sondern in Wahrheit eine ungeheure Verschärfung des naturrechtlichen Gedankens.[29] Denn damit wird der einzelne nicht mehr als solcher, in seiner Natürlichkeit, sondern als Vernunftwesen zum Ausgangspunkt und Gegenstand der Rechtslehre. Während Kant und Fichte den von ihnen entdeckten Freiheitsbegriff auf das Gebiet der Ethik beschränken und dem Naturrecht die (natürlich bestimmte) freie Willkür eines jeden zugrunde legen, macht Hegel von ihm auch in der Rechtslehre Gebrauch. Das Recht ist nicht die Einschränkung, sondern das »Dasein« des freien Willens – die »Freiheit als Idee«. Diese Wendung besagt für Hegel: die Freiheit ist nicht mehr nur Norm und Postulat – Idee im Kantischen Sinne –, sondern Faktum, in der gesellschaftlich-geschichtlichen Welt gegeben und nicht nur aufgegeben. Um dieses Faktum der Vernunft zu denken, bedarf es jener Dialektik, der Hegel in der *Einleitung* zur

27 Vgl. *Rph.*, § 279, mit der Anmerkung: »Die immanente Entwickelung einer Wissenschaft, die *Ableitung ihres ganzen Inhalts* aus dem einfachen *Begriffe* [. .] zeigt das Eigentümliche, daß der eine und derselbe Begriff, hier der Wille, der anfangs, weil es der Anfang ist, abstrakt ist, sich erhält, aber seine Bestimmungen und zwar ebenso nur durch sich selbst verdichtet und auf diese Weise einen konkreten Inhalt gewinnt.« (§ 381) Vgl. im übrigen § 190 Anm. und *Enzyklopädie*, 2. Aufl., § 514, *Werke* Bd. 10, S. 397.

28 Vgl. *Enzyklopädie*, 2. Aufl., § 485, S. 382 f.; ferner *Rph.*, § 2, S. 39; 4, 50 ff.

29 Vgl. F. Rosenzweig, *Hegel und der Staat*, Bd. 2, München/Berlin 1920, S. 106 f.

Rechtsphilosophie den naturrechtlichen »Begriff« des Willens unterwirft. Nach Hegel entdeckt Kant zwar im Prinzip des transzendentalen Ich das grundlegende Moment der Selbstbestimmung des Willens, das der »reinen Unbestimmtheit oder der reinen Reflexion des Ich in sich«, in welcher alle Beschränkung und jeder durch die Natur »gegebene« Inhalt aufgelöst ist. Aber die Freiheit des Willens wäre, für sich genommen, nur negativ; im »Politischen« würde sie – wie im Verlauf der Französischen Revolution nach dem Muster der Rousseauschen Theorie geschehen ist – zur »Zerstörung aller bestehenden gesellschaftlichen Ordnung« und »Vernichtung jeder sich wieder hervortun wollenden Organisation« führen.[30] Das Ich als der reine Begriff des Willens enthält daher notwendig ein zweites Moment in sich, das »Bestimmen und Setzen einer Bestimmtheit als eines Inhalts und Gegenstands«, wodurch es sich selbst als Bestimmtes setzt, d. h. ins Dasein tritt. Dieses Besondere, das den Willen bestimmt und beschränkt, ist keine gegebene äußere Schranke, sondern – was nach Hegel Kant und Fichte übersehen haben – dem Akt der Selbstbestimmung immanent. In der Einheit dieser beiden Momente, der unbestimmten Allgemeinheit und der bestimmten Besonderheit des Willens, realisiert sich als drittes Moment die Freiheit, die sein »Begriff« ist, – das Beisichsein des Willens im Anderssein oder die »*Selbstbestimmung* des Ich, in Einem, sich als [...] *beschränkt* zu setzen und bei sich, d. i. in seiner *Identität mit sich* und Allgemeinheit zu bleiben, und in der Bestimmung sich nur mit sich selbst zusammen zu schließen«.[31]

30 *Rph.*, § 5, S. 54 f.
31 *Rph.*, § 7, S. 58 f.

Diese dialektische Bewegung des freien Willens, die das Moment des Allgemeinen mit dem Besonderen und beide mit sich selbst zur »konkreten« Einzelheit, dem »Dasein des freien Willens« (§ 29), vermittelt, ist jene »Natur der Sache«, die uns in Hegels Rechtsphilosophie als »Begriff« entgegentritt. Der Begriff faßt den Sinn von Natur ganz in sich; er bezeichnet nichts anderes als das Recht, das sich und alle seine Bestimmungen auf die »freie Persönlichkeit« gründet, »eine *Selbstbestimmung*, welche vielmehr das Gegentheil der *Naturbestimmung* ist«.[32] Die dialektische Bewegung des Begriffs beginnt mit der Selbstbestimmung der »Person«, die von allen »natürlichen« Bestimmungen frei ist, dem unendlichen, durch nichts Äußeres beschränkten »Begriff« des freien Willens als dem alleinigen Prinzip des Rechts. Diesen Zusammenhang von Begriff (= Natur), Freiheit und Recht hat Hegel in den Berliner Vorlesungen über Philosophie des Rechts wiederholt erörtert. Die erste, noch vor dem Erscheinen des Buches gehaltene Vorlesung aus dem Jahre 1818/19 geht darauf in § 3 ein: »Das Prinzip des Rechts liegt nicht in der Natur, ohnehin nicht in der äußeren, auch nicht in der subjektiven Natur des Menschen, insofern nämlich sein Wille natürlich bestimmt, d. i. die Sphäre der Bedürfnisse, Triebe und Neigungen, ist. Die Sphäre des Rechts ist die Sphäre der Freiheit, in welcher, insofern die Freiheit sich äußert und sich Existenz gibt, die Natur zwar ein-

32 A.a.O. Vgl. auch *Nürnberger Propädeutik, Werke* Bd. 3, S. 55, 71, vor allem *Propäd.* III, 2. Abt.; *Philos. Enzyklopädie,* 3. Teil, 2. Abschn. I: *Das Recht,* § 181: »Der Geist als freies, selbstbewußtes Wesen ist das sich selbst gleiche Ich, das in seiner absolut negativen Beziehung zuerst ausschließendes Ich, einzelnes freies Wesen oder *Person* ist.«

tritt, aber als ein Unselbständiges.«[33] Äußerungen der Freiheit sind alle Momente der gesellschaftlichen Institutionen und Handlungsweisen, wie sie die *Rechtsphilosophie* darstellt, angefangen von den Erscheinungsformen des abstrakten Rechts bis zu Familie, bürgerlicher Gesellschaft und Staat. Daß hier überall »natürliche« Beziehungen eine Rolle spielen, bedarf keiner Frage. Die Frage ist, ob sie aus sich ein Gesetz erzeugen, das jene Formen beherrscht. Die Notwendigkeit, die z. B. dem Dasein des Staates im Verhältnis zum Leben des Einzelnen zukommt, besagt bei Hegel nicht mehr, daß es für den Einzelnen ein Gesetz der Natur sei, im Staate leben zu müssen. Die Notwendigkeit des Staats beruht vielmehr auf dem Gesetz, das die Freiheit sich selbst gibt. Darüber erteilt Hegels Erläuterung zu § 3 unzweideutig Auskunft: »Dieser § ist veranlaßt durch den Namen Naturrecht. Die Vereinigung von Freiheit und Nothwendigkeit ist nicht durch die Natur, sondern durch die Freiheit hervorgebracht. Die natürlichen Dinge bleiben wie sie sind, haben sich nicht vom Gesetz losgemacht, um sich selbst Gesetze zu machen. Der Geist aber reißt sich von der Natur los und erzeugt sich seine Natur, seine Gesetze selbst. Also ist Natur nicht der Boden des Rechts.« Wie für Kant und Fichte[34], so ist auch für Hegel der Name des Naturrechts »nur herkömmlich«, der Sache, dem »Begriff« des Rechts nach sogar unrichtig, da »unter Natur 1) das Wesen, der Begriff, 2) die bewußtlose Natur (die eigentl[iche] Bed[eutung])« verstanden werde; der »eigentliche Name« müsse lauten: »Philosophische Rechtslehre«.[35]

33 *Natur- und Staatsrecht nach d. Vortrag des Professors Hegel im Winterhalbjahr 1818/19* von G. Homeyer, Ms. germ. quart. 1155, S. 9.
34 Vgl. Kant, *Refl.* 7084, Akad. Ausg. Bd. 19, S. 245; Fichte, *Grundlagen des Naturrechts, Sämtl. Werke,* Bd. 3, S. 148.
35 *Natur- und Staatsrecht,* Nachschrift Homeyer, S. 9.

So führt die Entwicklung des Hegelschen Denkens in der Zeit der Ausarbeitung des rechtsphilosophischen Systems ganz auf den Boden jener Philosophie der Freiheit zurück, die der frühe Aufsatz über die *Wissenschaftlichen Behandlungsarten des Naturrechts* mittels der Konstruktion eines Rechts der »sittlichen Natur« zu überwinden strebte. Davon kann nun, nach Abschluß eines langen Prozesses der Verständigung über die Grundbegriffe der »Philosophischen Rechtslehre«, der zugleich ihr geschichtliches Verhältnis zum überlieferten Naturrecht klärt, keine Rede mehr sein. Natur und Freiheit, Naturgesetz und Rechtsgesetz sind in Hegels System auseinandergetreten. So weist Hegel mit aller Entschiedenheit die traditionelle Vorstellung ab, das »Gesetz der Natur« könne für den Menschen, sofern er es nur erkenne und befolge, ein »Muster« des Rechts sein; das einzige Gesetz, welches das geschichtliche Dasein des Menschen trägt, ist das Freiheitsgesetz, das nicht die »Natur«, sondern der »Begriff« selbst gibt.[36] Selbstgesetzgebung des Begriffs – das meint für Hegel die im 18. Jahrhundert entdeckte Idee der universellen Rechtsfähigkeit des Menschen[37], mit der sich die Philosophie gegen das Bestehende wendet und den Schein der Natürlichkeit durchbricht, hinter dem der »Gedanke des Rechts«, die Freiheit, bislang verborgen war. Dieser Gedanke verwandelt das bestehende Recht in eins mit dem Wissen von ihm. Zwar sei, heißt es in der Einleitungsvorlesung von 1824/25, im »gewöhnlichen Naturrecht«, das die Natur, natürliche Bedürfnisse, Zwecke usf. zugrunde lege, der Gedanke der Freiheit nicht mit Be-

36 Vgl. a.a.O., S. 3: »Der Begriff der Sache kommt uns nicht von Natur.«

37 Vgl. a.a.O., S. 5: »Es ist als etwas Großes zu achten, daß der Mensch jetzt, weil er Mensch ist, als Rechte haben zu müssen angesehen wird, so daß also sein Menschsein höher ist, als sein Status.«

wußtsein ausgeschlossen gewesen, aber »in der Tat ist sie zu kurz gekommen, indem beide Prinzipien ohne Würdigung ihrer Eigentümlichkeit aufgenommen sind«. Die Freiheit kann nicht als Natur, sondern muß in der Normativität des »Begriffs« gedacht werden, der die Freiheit mit sich selbst und der Natur vermittelt. Und wenn die Freiheit mit dem Anspruch des »Begriffs« auftritt, der beinhaltet, »daß sie es nur ist, um die es im Recht und Sittlichen zu thun sei, so gerät der Name Naturrecht ins Schwanken«.[38] Man könnte ihn nur dann beibehalten, wenn man der Freiheit »zugibt«, die vom Naturrecht postulierte »Natur der Sache«, d. h. der »Begriff« zu sein. Aber der Ausdruck sei dennoch »unpassend«, denn die Natur ist, im Unterschied zur Freiheit, »unbefangen, nicht entgegengesetzt etwas anderem. Die Freiheit dagegen erscheint zugleich polemisch, hat Gegensätze, und der erste ist die Natur selbst«.[39]

IV

Diese Entgegensetzung von Natur und Freiheit ist für die systematische und begriffliche Disposition der Hegelschen *Rechtsphilosophie* entscheidend. Sie bestimmt nicht nur die Abgrenzung von »philosophischer Rechtslehre« und »Naturrecht« in der doppelten Titelgebung des Werkes[40], sondern auch die Verdoppelung, die der letzte und wich-

38 *Vorlesungen über Philosophie des Rechts*, Nachschrift v. Griesheim, S. 9 f.

39 A.a.O., S. 10.

40 Auf sie weist Hegel in der Vorlesung von 1824/25 ausdrücklich hin. Vgl. Nachschrift v. Griesheim, S. 3 und meinen Aufsatz: *Tradition und Revolution in Hegels ›Philosophie des Rechts‹*, in: *Studien zu Hegels Rechtsphilosophie*, a.a.O., S. 100 ff.

tigste Systemabschnitt mit der Einführung des Begriffs der »bürgerlichen Gesellschaft« neben Familie und Staat erfährt. Denn die Unterscheidung zwischen bürgerlicher Gesellschaft und Staat hat ihren systematischen Grund in der Trennung von Natur- und Freiheitsbegriff, die bei Hegel geschichtlich zu Ende gedacht wird. Zwar löst sich im Entwicklungsgang des neuzeitlichen Naturrechts jene Identität von Staat (civitas, res publica) und bürgerlicher Gesellschaft (societas civilis) auf, die der traditionellen (»feudalen«) Staats- und Gesellschaftstheorie das Gepräge gibt und philosophisch durch die Teleologie der lex naturalis legitimiert war, welche die natürlichen Zwecke (Triebe, Bedürfnisse usf.) der Einzelnen mit dem sittlichen Zweck des Ganzen koinzidieren ließ; die Auflösung führt aber nicht zu einer dauernden Differenz, sondern wird immer wieder überwunden. Die Ursache dafür liegt paradoxerweise in der naturrechtlichen Vertragslehre, die der Katalysator der Trennung und zugleich das Mittel ihrer Überwindung ist. Die Natur, deren teleologische, über das Dasein des Einzelnen und der bürgerlichen Gesellschaft übergreifende Bewegungsordnung auf der einen Seite preisgegeben ist, geht auf der anderen als Moment der »Willkür« der Vielen, dem Ausgangspunkt der Naturrechtslehre, in die Vertragskonstruktion ein. Es sind die Bedürfnisse, Triebe und Neigungen, die, in der Rede von der »freien Willkür« enthalten, der Rechtsbegriff beschränken muß, wenn die Willkür eines jeden mit der von jedermann nach einem allgemeinen Gesetz (das an die Stelle des aufgegebenen Naturgesetzes tritt) soll übereinstimmen können. Hierin dürfte das eigentliche Motiv für die polemische Abgrenzung des Rechts- und Freiheitsprinzips gegenüber Kant und Rousseau zu suchen sein, worauf Hegel in der Rechtsphilosophie so großen Wert legt. Dabei ist er sich auch in diesem Zusammenhang über die zwischen Rousseau-Kant und dem älteren Naturrecht bestehenden Unterschiede hinsichtlich der Naturauffassung durchaus im klaren. Die traditionelle Behandlungsart, in der die »beiden Bedeutungen« des Naturbegriffs noch ungetrennt sind, legt das »natürliche Sein« des Menschen, die »Neigungen, Bedürfnisse, Triebe« zugrunde, zuerst das physische Bedürfnis und die Notwendigkeit seiner Befriedigung, dann aber auch den »Trieb zur Geselligkeit, zur Gesellschaft, der sich einerseits auf das Geschlechtsverhältnis bezieht, andererseits sich zur allgemeinen bürgerlichen Gesellschaft« erweitert, die sich »zum Staate ausbildet«.[41] Allein gerade hier zeigt sich für Hegel das »Ungenügende dieses Verhältnisses«. Es gibt keine Teleologie der Natur, die die Trieb- und Bedürfnisnatur der Einzelnen mit dem sittlich-geschichtlichen Dasein des »Staats« vermitteln könnte; alle daraus abgeleiteten Bestimmungen bleiben »abstrakt« gegenüber dem, was Staat und bürgerliche Gesellschaft dem »Begriff« nach sind: »Wenn wir so sagen müssen, daß die bürgerliche Gesellschaft, der Staat aus einem Triebe hervorgehe, so zeigt sich sogleich das Ungenügende dieses Verhältnisses, von einem Triebe zum Staat zu kommen. Der Trieb der Geselligkeit, der früher in der Philosophie als Grundlage des Staats angenommen wurde, ist etwas Unbestimmtes, Abstraktes, was nur wenige Bestimmungen leisten kann für den weitschichtigen Staat und was höchst dürftig erscheint gegen das, dem es zum Grunde gelegt wird.«[42]

Diesem Naturprinzip, das zuerst Hobbes aufgegeben hat, stellen Rousseau und nach ihm die Kantisch-Fichtesche Philosophie das Prinzip der Freiheit entgegen, aber, wie Hegel in den *Vorlesungen von 1824/25* sagt, »in einer

41 Vgl. *Vorlesungen 1824/25*, Nachschrift v. Griesheim, S. 5-8. Vgl. *Rph., Einleitung*, § 19, Anm.

42 Vgl. Nachschrift v. Griesheim, S. 8.

Weise, die nicht die unsere ist und die die Rechtswissenschaft auch nicht zu einer umfassenden und konsequenten hat werden lassen«.[43] Mit Kant stimmt Hegel darin überein, daß Freiheit unter Naturgesetzen unmöglich ist, da Natur und Freiheit einander entgegengesetzt sind. Deshalb verwirft er, wie dieser, die in der traditionell-teleologischen Naturauffassung enthaltene Frage nach dem »historischen Ursprung des Staats«[44] oder, um die herkömmliche Terminologie von Politik und Naturrecht zu gebrauchen, die Frage nach dem »Anfang der bürgerlichen Gesellschaft«. Denn auch die *Rechtsphilosophie* hat es nur mit der »Idee des Staats«, dem »gedachten Begriff« zu tun. Bei Kant und Fichte aber (und vor ihnen bei Rousseau) widerspricht das systematische Prinzip, das sie der Rechtslehre zugrunde legen, der geschichtlichen Ausführung, die sie ihm geben. Die Natur, die das Prinzip des Staats, »das nicht nur seiner Form nach (wie etwa der Sozialitätstrieb, die göttliche Autorität), sondern dem Inhalt nach *Gedanke«*, weil das »Denken selber« als Wille ist, auf der einen Seite von sich ausschließt, wird auf der anderen dadurch wieder eingeführt, daß sie den Willen nur in der geschichtlich bestimmten Form des »einzelnen Willens«[45], als »besonderes Individuum« an die Spitze stellen. Das hat zur Folge, daß sie den »allgemeinen Willen«, den »Begriff« des Staats, nicht als das »an und für sich Vernünftige des Willens, sondern nur als das *Gemeinschaftliche,* das aus diesem einzelnen Willen hervorgehe«, fassen. Damit fällt das neuzeitliche Naturrecht und mit ihm der klassische Liberalismus der Aufklärung in Ansehung

43 A.a.O., S. 11. Vgl. auch *Vorlesungen von 1823/24,* Nachschrift Hotho, S. 7 f.

44 Vgl. *Rph.,* § 258, S. 330.

45 Vgl. *Rph.,* § 258, ferner § 29, S. 79 f., § 182, Zusatz; *Die Vernunft in der Geschichte,* S. 111 f.

der »Begriffe« von Staat und bürgerlicher Gesellschaft wieder auf den Standpunkt der älteren Naturrechtslehre zurück. Die Vertragskonstruktion, deren Anwendung bei Hobbes, Rousseau und Kant die Auflösung der klassischen Identität von civitas und societas civilis voraussetzt, wiederholt jene sprachlich-systematische »Verwechslung« beider Begriffssphären, die Hegel im § 182 der *Rechtsphilosophie* als Einwand gegen die naturrechtliche »Ansicht« vom Staat benutzt.[46]

Die Möglichkeit dieses Einwandes setzt allerdings voraus, daß Hegel für sich selbst die Konsequenz aus dem Ansatz des neueren Naturrechts gezogen hat. Indem er den Gegensatz zwischen Natur- und Freiheitsgesetz radikalisiert, gibt Hegel mit der traditionell-naturrechtlichen Bezeichnung auch die Sprechweise der bürgerlichen Gesellschaft (societas civilis) preis – eine Preisgabe, die ungleich folgenreicher werden sollte als die des überlieferten Naturrechtsbegriffs. Mit der von Hegel eingeführten Trennung zwischen Staat und bürgerlicher Gesellschaft war ein Problemhorizont eröffnet worden, innerhalb dessen die Lebens- und Willensverhältnisse der Individuen, ihre Beziehungen untereinander und zur Natur theoretisch verselbständigt und relativ isoliert, als »gesellschaftliche« Beziehungen studiert und begriffen werden konnten. Gerade weil die natürliche Bestimmtheit des Einzelwillens, das »besondere Individuum« und seine Bedürfnisse, Triebe und Neigungen mit der Ableitung des allgemeinen, im Staat sich manifestierenden Willens in keinem direkten Begründungszusammenhang steht, wird es Hegel möglich, jenes »System der

46 *Rph.* § 182, Zus.: »Wenn der Staat vorgestellt wird als eine Einheit verschiedener Personen, als eine Einheit, die nur Gemeinsamkeit ist, so ist damit nur die Bestimmung der bürgerlichen Gesellschaft gemeint. Viele der neueren Staatsrechtslehrer haben es zu keiner anderen Ansicht vom Staate bringen können.« (S. 262 f.)

Bedürfnisse« als die ökonomische Basis der modernen bürgerlichen Gesellschaft zu entdecken, das den liberalen Anhängern der Naturrechtstheorie hinter dem Modell des Sozialvertrags und seinen politischen Implikationen verborgen blieb. An ihm freilich zeigt sich, daß die Problematik des Verhältnisses von Natur und Freiheit in der *Rechtsphilosophie* keine befriedigende Lösung findet, sondern auf einer neuen Stufe wieder aufbricht. Die »Freiheit als Idee«, welche die Freilassung der bürgerlichen Gesellschaft vom Staat begrifflich fordert, fällt auf deren Boden von der Wirklichkeit zum Schein, zur »Erscheinungswelt des Sittlichen« herab, in der die sittliche Identität nicht als *Freiheit*, sondern nur als *Notwendigkeit* gedacht werden kann.[47] Die in der Sphäre des freien Willens zentrierte Begriffsbewegung steht hier auf dem Sprung, in das Bewegungsgesetz einer Gesellschaft umzuschlagen, das statt der vom Begriff vorausgesetzten Freiheit Natur zu ihrer Grundlage hat – das »Element der Ungleichheit«, das dem objektiven Recht der Besonderheit des Geistes Ausdruck gibt und darin die von der Natur gesetzte Ungleichheit nicht nur nicht aufhebt, sondern »aus dem Geiste produziert«.[48] Hier liegt eine jener Einbruchsstellen der Hegelschen Rechtsphilosophie, an denen die dialektische Genese des Begriffs an ihre Grenze stößt – eine Grenze, die Hegels bedeutendster und geschichtlich wirkungsmächtiger Schüler Marx durch die »materialistische Umstülpung« dieser Dialektik in eine Bewegung der Produktivkräfte und Produktionsverhältnisse zu überschreiten versucht hat.

47 *Rph.*, § 186, S. 267. Vgl. §§ 184-185.

48 *Rph.*, § 200 Anm., S. 278 f. Die für den Begriff irreduzible Berufung auf die Natur findet sich ferner in der Deduktion der Erbmonarchie (§ 280 f.) und der Rechtfertigung des Krieges (§ 324).

Anthropologie bei Hegel und Marx

Die Lehre vom Menschen, kurz Anthropologie genannt, scheint weder von Hegel noch von Marx philosophisch sonderlich beachtet worden zu sein. Als Titel der philosophischen Systematik tritt sie zwar auf, aber verbunden mit einer Bedeutung, die ihren Abstand zur anthropologisch und naturphilosophisch orientierten Richtung der neueren deutschen Philosophie (Plessner, Scheler, Gehlen, Löwith) deutlich werden läßt. Innerhalb des Hegelschen »Systems der Philosophie« steht die »Wissenschaft des Geistes« über der »Wissenschaft der Natur«, und beiden voraus geht ihre Begründung in der *Logik,* dem »sich begreifenden reinen Begriff«.[1] Die Logik ist die der Selbstbegründung fähige Wissenschaft; denn ihr Begriff bedingt nach Hegel nicht nur das Begreifen der gegenständlichen »Realität« – des Geistes oder der Natur –, sondern begreift sich selbst als Grund. Diesen Grund, aus dem alles Begreifen, auch das der Logik, erst entspringt, nennt Hegel den »adäquaten Begriff oder die *Idee*«, die Einheit von Begriff und Realität, Sein und Wahrheit.[2] Die Ontologik der Idee trägt nicht nur begrifflich und methodisch das ganze System, sondern bestimmt den Sinn von »Wissenschaft« in jedem seiner Teile: die *Naturphilosophie* ist

1 *Logik,* Buch III, 3. Abschn. Kap. 3, zit. Hegel, *Sämtliche Werke,* ed. H. Glockner, Bd. V, S. 352. – Wir zitieren fortan unter der Abkürzung: *WWG* I ff. nach dieser Ausgabe.

2 Ebenda, S. 236: »Die Idee ist der *adäquate Begriff,* das objektive *Wahre* oder das *Wahre als solches.* Wenn irgend etwas Wahrheit hat, hat es sie durch seine Idee, oder *etwas hat nur Wahrheit, insofern es Idee ist.«* Vgl. S. 239: »*Sein* hat die Bedeutung der *Wahrheit* erreicht, indem die Idee die Einheit des Begriffs und der Realität ist; es *ist* also nunmehr nur das, was Idee ist.«

die Wissenschaft von der »Idee in ihrem Anderssein«, die *Philosophie des Geistes* die Wissenschaft der »Idee, die aus ihrem Anderssein zurückkehrt«.[3] Hegel faßt die Natur nicht als sie selbst in ihrer Natürlichkeit auf, als positive Voraus-setzung aller Erscheinungen und umfassendes Prinzip des Werdens und Vergehens der Dinge. Im Gegenteil: sie erscheint nicht als Voraus-setzung, sondern als Setzung, und als Werden fällt sie nicht in das Vergehen, sondern weist über es hinaus. In beiden Fällen ist der Begriff der Natur durch das dem logischen Begriff überhaupt zukommende Moment der Negativität gekennzeichnet: Natur ist das Anderssein der Idee, die »Idee als Seyn« oder als »seyende Idee«[4], und sie ist das Anderswerden dieses Seins, der noch nicht mit sich vermittelte Geist.[5]
Aus dieser »negativen Natur der Natur«[6] ergibt sich die Stellung der Anthropologie im Hegelschen System der Philosophie. Die Anthropologie ist ein Teil der Philosophie des Geistes und nicht der Naturphilosophie, genauer des subjektiven, d. i. endlichen oder »einzelnen«, nur in seiner Erscheinung an die Natur gebundenen Geistes. Unter »Anthropologie« versteht Hegel keineswegs eine allgemeine Lehre vom Menschen, sei es in pragmatischer oder in fundamentalontologischer Hinsicht, auch nicht eine Theorie seiner Sonderstellung in der Natur, sondern die philosophisch relativ untergeordnete und spezielle Lehre von dem in der menschlichen Gattung »seyenden« Dasein, der »Natürlichkeit« des Geistes. Die Anthropologie ist äußerlicher, »formeller« Anfang, aber nicht »reeller« Grund der Philosophie des Geistes: »Wir müssen also von dem noch in der Natur befangenen, auf seine Leiblichkeit

3 *WWG* VIII, S. 64.
4 *WWG* VII, S. 452.
5 *WWG* IX, S. 719-722.
6 Diese Wendung ebenda, S. 58.

bezogenen, noch nicht bei sich selbst seienden, noch nicht freien Geiste anfangen. Diese – wenn wir so sagen dürfen – Grundlage des Menschen ist der Gegenstand der Anthropologie«.[7] Ihr zentrales Problem sieht Hegel im Verhältnis des (subjektiven) Geistes zur menschlichen Leiblichkeit; der Leib des Menschen (Hand, Auge, Sinnesorgane, aufrechter Gang), die Phänomene des Lebens und der Lebensäußerungen (Lachen, Weinen, Stimmungen, Temperamente, Idiosynkrasien), die Vielfalt der menschlichen Naturexistenz (in Rassen, Völkern, Lebensaltern) werden nur insofern behandelt, als sie Momente dieses Verhältnisses sind. Es ist die dem Menschen eigentümliche »Natur«, sich von Leib und Natur unterscheiden zu können, die Hegel vorzüglich zum Thema macht. Die Natur als Grund des Leben erzeugenden Lebendigen und als elementare Voraussetzung seiner Erhaltung erscheint nur am Anfang der Anthropologie: im Mitleben des leiblich-natürlichen Menschen mit der Natur und dem allgemeinen planetarischen Leben, dem Wechsel der Jahres- und Tageszeiten, den Unterschieden des Klimas und als »Naturbestimmung« der Rassenunterschiede.[8]
Während in der Epoche des nachhegelschen Denkens (seit Feuerbach, Marx und Nietzsche) die Anthropologie zunehmend in den Mittelpunkt der Philosophie rückt, steht sie hier »in der Mitte zwischen der hinter ihr liegenden Natur einerseits, und der aus dem Naturgeist sich herausarbeitenden Welt der sittlichen Freiheit andererseits«.[9] »Mitte« meint nur die formale Bezeichnung ihrer untergeordneten Stellung, nicht eine inhaltliche Aussage. Denn der Mensch, wie ihn die Hegelsche Anthropologie zum

7 *WWG* X, S. 49. Vgl. dazu jetzt J. Fetscher, *Hegels Lehre vom Menschen*, Stuttgart-Bad Cannstatt 1970.

8 Ebenda, S. 63-70.

9 Ebenda, S. 63.

Gegenstand nimmt, lebt schon nicht mehr innerhalb der Natur, und was an ihm noch »Natur« ist, wie sein individueller, an Zeit und Raum gebundener Leib, der Wechsel von Wachen und Schlafen, die Verschiedenheit der Geschlechter, wird unter diesem Gesichtspunkt herabgesetzt zu etwas »bloß Anthropologischem«.[10]

Dem entspricht, daß Hegel die Naturphilosophie als Teil der einen, umfassenden Philosophie begreift. Das geringe Verständnis, das der Hegelschen Naturphilosophie von Anbeginn entgegengebracht wurde, lag im wesentlichen darin begründet, daß sie die Verselbständigung der naturwissenschaftlichen Forschung im 17. und 18. Jahrhundert wieder »aufzuheben« versuchte. Die mit dieser *Emanzipation der Forschung von der Philosophie* verbundene Trennung zwischen Naturphilosophie und Physik wird nicht anerkannt, ja, Hegel weist ausdrücklich auf die ihr vorausgehende Gestalt der Physik zurück, auf Aristoteles' Lehre von der Natur: seine *Physik* sei »weit mehr Naturphilosophie als Physik [...] Erst den neueren Zeiten gehört eine Trennung beider voneinander an«.[11] – Im Unterschied dazu ist für Marx die Wissenschaft der Natur von vornherein identisch mit der modernen, in der neuzeitlichen Aufklärung und Philosophie begründeten Naturwissenschaft. Die Naturwissenschaft aber interessiert Marx nicht als *Forschung*, d. h. als theoretische, die Zusammenhänge und Gesetze der Naturerscheinungen ent-

10 Ebenda, S. 241.

11 *WWG* IX, S. 31 f. und 37 (Berliner Einleitung in die Naturphilosophie). Vgl. *WWG* XVIII, S. 337 ff. Vorgebildet sieht Hegel die Trennung schon in der Unterscheidung zwischen Physica generalis und partialis bei Wolff, der Kosmologie – als Lehre von der allgemeinen Verfassung der körperlichen Natur (scientia mundi in genere) – und spezielle Physik (Meteorologie, Hydraulik, Physiologie, Botanik, Zoologie, Anthropologie, Pathologie) unterscheidet. Vgl. *Phil. rat.* (1728), *Disc. praelim.* Cap. III, §§ 75-85.

deckende Wissenschaft, sondern als *Praxis:* sie ist ein Bestandteil der *Industrie* im weitesten Sinne des Wortes, des technisch vermittelten Prozesses zwischen Mensch und Natur. Die Verbindung von Naturwissenschaft und Industrie wird von Marx als ein der modernen Welt und der ihr zugehörigen Gesellschaft eigentümliches Faktum erkannt, mit dem sich die Philosophie auseinandersetzen muß. Wenn es eine Trennung zwischen Philosophie und Naturwissenschaft gibt, so nur deswegen, weil innerhalb der Philosophie Theorie und Praxis getrennt sind: »Die Naturwissenschaften haben eine enorme Tätigkeit entwickelt und sich ein stets wachsendes Material angeeignet. Die Philosophie«, sagt Marx in Erinnerung an die Naturphilosophie von Schelling und Hegel, »ist ihnen indessen ebenso fremd geblieben, wie sie der Philosophie fremd blieben. Die momentane Vereinigung war nur eine *phantastische Illusion* [...] Aber desto *praktischer* hat die Naturwissenschaft vermittelst der Industrie in das menschliche Leben eingegriffen und es umgestaltet«.[12] Es ist die moderne Industrie, die in Verbindung mit der naturbeherrschenden Wissenschaft das Leben des Menschen mit der Natur vermittelt – nicht, wie bei Hegel, auf dem Wege einer »denkenden Erkenntnis der Natur«, deren Zweck die Versöhnung des Geistes mit ihr und der Wirklichkeit wäre[13], sondern im Prozeß der praktischen Aneignung und Unterwerfung der Natur. Daher haben weder die Wissenschaft von der Natur noch die Natur selber einen theoretisch begründbaren Anspruch auf Selbständigkeit. Die Natur ist wesentlich die Vorbedingung zu ihrer praktischen Aneignung durch Mensch und Gesellschaft

12 *MEGA*, 1. Abt., Bd. III, S. 122.

13 *WWG* IX, S. 32. Am Schluß der *Naturphilosophie* bezeichnet Hegel die »Befreiung von der Natur und der Wirklichkeit« geradezu als den »Begriff der Naturphilosophie« (S. 721).

und die Naturwissenschaft ist ein mit der modernen Gestalt der Industrie konstitutiv gewordenes Moment dieser Aneignung.[14] Die wenigen Äußerungen, die sich, begrifflich an Feuerbach und seiner Naturanschauung orientiert, in den *Ökonomisch-Philosophischen Manuskripten* zum »Durchsichselbstsein« der Natur und zur »Natürlichkeit« des menschlichen Gattungswesens finden[15], sind bei Marx nicht systematisch fruchtbar geworden. Er hat keine Theorie der Natur hinterlassen, auch nicht, obwohl doch erst dadurch das Postulat der vergesellschafteten Produktion und Konsumtion seine Grundlegung erhielte, eine Theorie der menschlichen Bedürfnisnatur, die über das bei Hegel nur unzulänglich entwickelte »System der Bedürfnisse« hinausginge.[16] Was für Marx theoretisch von Interesse ist, ist nicht die Natur als Natur, sondern die »anthropologische Natur«.[17] Diese Redewendung, die den Menschen als »Wesen« der Natur und diese als ein »Wesen«

14 Vgl. dazu die Hinweise von K. Löwith, *Marxismus und Geschichte*, in: *Neue Deutsche Hefte*, Jg. 1958, S. 876 ff., sowie *Ges. Abhandlungen*, Stuttgart 1960, S. 171 f. Das in der bisherigen Marx-Literatur nur kursorisch behandelte Thema hat bei A. Schmidt, *Der Begriff der Natur in der Lehre von Marx*, in: *Frankfurter Beiträge zur Soziologie*, Bd. 11 (1962) eine eingehende Darstellung gefunden.

15 *MEGA*, 1. Abt., Bd. III, S. 124 und 160.

16 Daß Marx selber das theoretisch Unumgängliche dieses Problems gesehen hat, zeigen einige Reflexionen aus den Vorbereitungsheften zur *Kritik der politischen Ökonomie* über Luxus, Industrie und Naturnotwendigkeit, die mit dem Satze schließen: »Notwendige Bedürfnisse sind die des Individuums, reduziert selbst auf ein Natursubjekt [. . .] Diese Fragen über das System der Bedürfnisse und System der Arbeiten, an welcher Stelle ist es zu behandeln? wird sich im Verlauf ergeben« (*Grundrisse der Kritik d. polit. Ökonomie*, Berlin 1953, S. 426 f.) Mit Ausnahme der »allgemeinen Einleitung«, die Marx auf Grund ihrer Allgemeinheit dem 1859 erschienenen ›Ersten Heft‹ der *Kritik* nicht voranstellte (Vgl. Vorwort zur *Kritik der polit. Ök.*, zit. Berlin 1951, S. 11), ist er darauf nicht wieder zurückgekommen.

17 Vgl. *MEGA*, 1, Abt., Bd. III, S. 122.

für den Menschen faßt, d. h. die Natur »vermenschlicht«, enthält in nuce sowohl die Marxsche Theorie der Arbeit wie auch die der Geschichte. Die zentrale Stellung von Arbeit und Geschichte im Historischen Materialismus erklärt sich aus der anthropologischen Reduktion der Natur, die der junge Marx mit einem theologischen Ausdruck ihre »Resurrektion« genannt hat.[18] Sofern Natur nicht begrifflos die Totalität dessen, was ist, oder, wie bei Feuerbach, die irreduzible, auf die Kategorie der Sinnlichkeit gegründete Positivität des Gegebenen bleibt, wird sie als Gegenstand für den Menschen gedacht.[19]

Freilich: die »Resurrektion« der Natur in und durch die »anthropologische Natur«, d. h. die Arbeit des Menschen,

18 Ebenda, S. 116. – Auf die Anthropologie des jungen Marx hat E. Thier nachdrücklich hingewiesen und damit die Marx-Diskussion der 50er Jahre in Deutschland maßgeblich beeinflußt. Vgl. seine Einleitung zur Ausgabe der *Pariser Manuskripte*, Köln 1950, in erweiterter Form erschienen unter dem Titel: *Das Menschenbild des jungen Marx*, Göttingen 1957. Aus der damaligen Literatur seien genannt H. Popitz, *Der entfremdete Mensch. Zeitkritik und Geschichtsphilosophie des jungen Marx*, Basel 1953. R. Dahrendorf, *Marx in Perspektive*, Hannover 1952; J. Hommes, *Der technische Eros*, Freiburg i. Br. 1955; E. Metzke, *Mensch und Geschichte im ursprünglichen Ansatz des Marxschen Denkens*, in: *Marxismus-Studien*, 2. Folge, Tübingen 1957; G. Dicke, *Der Identitätsgedanke bei Feuerbach und Marx*, Köln/Opladen 1960.

19 Hier liegt der Unterschied des Marxschen Naturbegriffs zum Materialismus des 17. und 18. Jahrhunderts, der die Lehre vom Menschen aus den universellen Regeln deduziert, die das Gesetz der Natur allen Körpern vorschreibt. Vgl. d'Holbach, *Système de la Nature* (1770), I, Chap. VI, S. 71 ff.; Helvetius, *De l'esprit* (1758), Vol. I, S. 97. Natur und Mensch, Naturgeschichte und Geschichte, Natur und Gesellschaft bilden bei Marx eine Einheit. »[. . .] die Natur, abstrakt genommen, für sich, in der Trennung vom Menschen fixiert, ist für den Menschen nichts.« (*MEGA*, 1. Abt., Bd. III, S. 170.) Der Mensch ist »unmittelbar Naturwesen« (160), aber »nicht nur Naturwesen, sondern er ist menschliches Naturwesen« (162); er ist der »unmittelbare Gegenstand der Naturwissenschaft« (123), aber die Natur zugleich der

führt Marx nicht zur Anthropologie als selbständiger Wissenschaft. Die Anthropologie, wie sie im Ansatz des Marxschen Denkens, den *Manuskripten* von 1844/45, vorliegt, wird sehr bald verdrängt durch Ökonomie, Politik und Geschichtstheorie. Gleichwohl läßt sich zeigen, daß die Wirkung des anthropologischen Ansatzes das ganze Werk von Marx durchzieht. Es ist für den Stand der gegenwärtigen, vorwiegend geistesgeschichtlich orientierten Marx-Diskussion kennzeichnend, daß sie nach diesen Fundamenten nicht ernsthaft fragt.[20] Man darf aber bezweifeln, ob ohne ihre Kenntnis das Verhältnis von Hegel und Marx, um das sich die Diskussion vornehmlich be-

»unmittelbare Gegenstand der Wissenschaft vom Menschen« (123). Ebenso gilt die Geschichte für Marx einerseits als wirklicher Teil der Naturgeschichte, des »Werdens der Natur zum Menschen« (123), und andererseits als die »wahre Naturgeschichte des Menschen« (162). Man kann sagen, daß Marx schon in den *Ökonomisch-Philosophischen Manuskripten* die Grundkategorien seines Historischen Materialismus, Arbeit, bzw. Industrie, Gesellschaft und Geschichte, entwickelt hat, und zwar gerade auf Grund der anthropologischen Reduktion der Natur. Die Industrie erscheint als »wahre anthropologische Natur« (122), die Gesellschaft als Dasein der Natur in Gestalt des Mitmenschen (123, 125), und die Geschichte als »Werden der Natur für den Menschen« (125). Die prägnante Zusammenfassung dieser Reduktion findet sich in dem Satze: »Die *gesellschaftliche* Wirklichkeit der Natur und die *menschliche* Naturwissenschaft oder die *natürliche Wissenschaft vom Menschen* sind identische Ausdrücke.« (123, Hervorhebung von Marx.) Während jedoch Feuerbach bei der Anthropologie als »Universalwissenschaft« der neuen Philosophie stehenbleibt *(Grundsätze der Philosophie der Zukunft,* [1843] § 54), löst Marx die von ihm postulierte »eine Wissenschaft«, die Mensch und Natur umfaßt (123), in universellen Historismus, in die Geschichte als »einziger Wissenschaft« auf. (Vgl. *Deutsche Ideologie* [1845], Einleitung.)

20 Dies gilt, mit gewissen Einschränkungen, auch für die oben genannte Arbeit von A. Schmidt und für M. Friedrich (*Philosophie und Ökonomie beim jungen Marx,* Berlin 1960), die beide in einem kritischen Verhältnis zur Marx-Literatur der 50er Jahre stehen, vor allem, was die »philosophische« Interpretation des jungen Marx und die mangelnde

wegt, hinreichend geklärt und verstanden werden kann. Im folgenden sei der Versuch gemacht, den *anthropologischen Ansatz* des Marxschen Denkens *in seinen naturphilosophischen Fundamenten* zu rekonstruieren und dabei das Verhältnis zu Hegel von einer anderen, bisher wenig beachteten Seite her zu bestimmen. Der Ausgangspunkt ist zunächst ein systematischer: die in der Hegelschen Naturphilosophie entwickelte Theorie der elementaren Lebensprozesse alles Lebendigen, erörtert an der Reproduktion des Lebens und seines Assimilationsverhältnisses zur Natur. Es wird zu fragen sein, inwieweit sie im Ansatz der Marxschen Anthropologie und des ihr zugrunde liegenden Naturbegriffs wiederkehrt.

I

Von allen Bestimmungen, die das Leben des (einzelnen) Lebendigen in der Vielfalt seiner Erscheinungen konstituieren, hebt Hegel an den verschiedensten Stellen seines Werkes drei Momente immer wieder hervor: das Leben ist *Subjektivität*, es hat zu seiner Selbsterhaltung eine von ihm unterschiedene, äußerliche *Natur* zur Voraussetzung, und es ist *Prozeß*, aus der Gattung hervorgehende und in sie zurückkehrende Bewegung.[21] Der Terminus »Subjektivität« meint in Beziehung auf das Lebendige einerseits

Berücksichtigung seiner späteren Schriften zur politischen Ökonomie betrifft. Die damalige Situation der Marx-Forschung behandelt die lehrreiche Studie von J. Habermas, *Zur philosophischen Diskussion um Marx und Marxismus*, in: *Philosoph. Rundschau*, 5. Jg (1957), später in dem Aufsatz-Band *Theorie und Praxis*, Neuwied 1963[1], S. 261 ff.

21 Hegel hat die Philosophie des Lebendigen mehrfach behandelt: in den *Jenenser Vorlesungen* von 1803/04 (*Realphilosophie*, Bd. I., ed. J. Hoffmeister, Leipzig 1932, S. 145 bis 191 und *Realphilosophie*, Bd.

die Bewegung seiner selbst, »wodurch es sich erst zum Subjekte macht«[22], andererseits das Werden und Gewordensein der Natur zum Subjekt, die »Aufhebung« ihrer Äußerlichkeit im Lebendigen: »In der Natur erscheint das Leben als die höchste Stufe, welche von ihrer Äußerlichkeit dadurch erreicht wird, daß sie in sich gegangen ist und sich in der Subjektivität aufhebt.«[23] Das zweite Moment betrifft die fundamentale Tatsache des Lebens, daß alles Lebendige im Verhältnis zur Natur steht und sich nur dadurch am Sein erhält, daß es das ihm Äußere sich aneignet. Es ist »als das Leben der Natur das Leben, insofern es in die Äußerlichkeit des Bestehens hinausgeworfen ist, an der unorganischen Natur seine Bedingung hat, und

II, Leipzig 1931, S. 140–176), in der *Phänomenologie des Geistes*, Abschn.: *Beobachtung der Natur* (*WWG* II, S. 192-233, vor allem S. 200 ff.), in der *Logik* (*WWG* V, S. 244–259) und *Naturphilososphie* (*WWG* IX, S. 449-722) sowie in besonders eindringlicher Weise innerhalb der *Vorlesungen zur Ästhetik* (WWG XII S. 176-187, 192 f. u. 200-213). Es versteht sich, daß seine Darstellungen hier nur soweit berücksichtigt sind, als sie das Thema angehen und erhellen. Obwohl sie zu den zweifellos bis heute unveraltet und groß gebliebenen Teilen der *Naturphilosophie* gehören, haben sie in der philosophischen Literatur nicht die ihnen zukommende Beachtung gefunden. Systematisch gesehen, handelt es sich um den Abschnitt III, *Organik*, 3. Kap., *Der tierische Organismus* (*WWG* IX, S. 575-722). Unter dem Titel *Organik* befaßt Hegel zwar auch den Erdorganismus (1. Kap.) und den vegetabilischen Organismus (2. Kap.), aber mit dem ausdrücklichen Zusatz, daß »erst im Dritten (d. h. in der tierischen Lebendigkeit) das Leben als solches vorhanden, da dessen Hauptbestimmung die Subjektivität ist; die früheren Stufen sind nur unvollkommene Wege dahin«. (S. 453). In meinem Buch, *Theorie und Praxis im Denken Hegels*, Stuttgart 1965, habe ich den Versuch unternommen, dieses Problem, soweit es sich auf die Hegelsche Theorie der Subjektivität bezieht, aus der *Naturphilosophie* heraus zu interpretieren. Der vorliegende Aufsatz nimmt z. T. darauf Bezug.

22 *WWG* IX, S. 453.

23 *WWG* V, S. 245 f.

wie die Momente der Idee eine Mannigfaltigkeit wirklicher Gestaltungen sind«.[24] Das dritte Moment ergibt sich aus dem Grundgeschehen des Lebens, seinem Insichsein im ruhelosen Kreislauf der Reproduktion der Gattungen einerseits, der Produktion der Individuen andererseits. Hegel spricht von der »Einheit zweier Prozesse«, die beide das Insichkreisen des Lebens bilden – vom »Kreislauf der Selbsterhaltung«, der sich in der Entgegensetzung zur unorganischen Natur bewegt, und vom »Kreislauf der Gattung«, welcher zwischen den Lebendigen verläuft und deren ewige Wiederkehr – die »realisierte Idee« – zum Resultat hat. Beide Bewegungen greifen unmittelbar ineinander. Indem sich die auf die Lebendigen bezogene Bewegung um die »Gattung«, oder, wie Hegel sie auch nennt, um die »Sonne des Individuums« dreht, bezieht sie sich zugleich auf eine »unorganische Natur«. Das Lebendige ist die »Mitte« dieser Bewegungen, und zwar so, daß es sich »gegen die Macht der Gattung, die es untergehen macht, sowie gegen die der unorganischen Natur erhält und sich um seine Achse für sich selbst bewegt, in sich selbst ist, sich erhält«.[25]
Die hier genannten drei Momente faßt Hegel im § 338 der *Enzyklopädie* in dem Satz zusammen, das Leben sei »als Subjekt und Prozeß wesentlich sich mit sich *vermittelnde* Tätigkeit«.[26] Diese letztere Bestimmung führt über die Allgemeinheit der bisherigen Hinsichten hinaus und auf die »Objektivität« des Lebens in der »Subjektivität« der je einzelnen Lebendigen. Denn in ihnen *ist* erst das Leben die Einheit von Subjektivität, vermittelnder Tätigkeit und Prozeß. Die Tätigkeit dieser Vermittlung oder den tätigen Lebensprozeß des terminologisch als Sub-

24 Ebenda, S. 245.
25 *Realphilosophie*, Bd. I, S. 132.
26 *WWG* IX, S. 456. Vgl. *WWG* VI, S. 207.

jektivität gefaßten Lebendigen bestimmt Hegel als den »Prozeß seines Zusammenschließens mit sich selbst«[27], der sich im einzelnen in der Form von drei Prozessen vollzieht; erstens als *Gestaltungsprozeß*, worin das Lebendige auf seine Leiblichkeit eingeschränkt bleibt; zweitens als *Assimilations- oder Ernährungsprozeß*, worin es sich auf die unorganische Natur bezieht, diese mit sich vermittelt und damit sich selber hervorbringt; und drittens als *Gattungsprozeß*, worin die Lebendigen das Allgemeine der Gattung »reproduzieren«, welche so zum »Fürsichsein« gelangt.[28] Im Zusammenhang unserer Fragestellung soll uns hier lediglich der Prozeß zwischen dem Lebendigen und der Natur interessieren.

Hegel beginnt seine Darlegungen dieses Prozesses mit dem Grundverhältnis von Natur und Leben – mit der Voraussetzung der Natur für den Lebensprozeß alles Lebendigen. Subjektiv, d. h. vom Selbstverhältnis des Lebens her gesehen ist die Voraus-setzung der Natur ihre Setzung durch das Lebendige, das sich aus dem Zusammenhang der elementarischen Naturprozesse herauslöst. Hegel spricht von einem »ursprünglichen Urteil« des Lebens, das darin besteht, »daß es sich als individuelles Subjekt gegen das Objektive abscheidet«.[29] Gleichwohl übersieht Hegel nicht, daß die Natur gerade dadurch, daß das Lebendige der »Prozeß der Subjektivität ist, sich auf sich selbst zu beziehen«, als eine äußere vorhanden, d. h. die Bedingung für den Prozeß selber ist.[30] Denn an der Natur findet

27 *WWG* VIII, S. 431 f.; IX, S. 492 f.

28 *WWG* IX, S. 492 ff.; VII, S. 432 f.

29 *WWG* V, S. 248.

30 Vgl. *WWG* IX, S. 583: »Indem der animalische Organismus der Prozeß der Subjektivität ist, in der Äußerlichkeit sich auf sich selbst zu beziehen, so ist erst die übrige Natur als eine äußere vorhanden, weil das Animalische sich in diesem Verhältnis zum Äußeren erhält.«

alles Lebendige seine »äußerliche Bedingung« und sein zum Leben-können notwendiges »Material« – also die Grundlagen eines selbst äußeren (objektiven) Bestehens.[31] Diesen »Prozeß nach Außen« nennt Hegel den *»reale[n]* Prozeß«, worin das Lebendige zu einer »unmittelbar vorhandenen Außenwelt« ins Verhältnis tritt und sich dagegen »erhält«, sofern es die Macht in diesem Verhältnisse und die Natur gegen es ein ohnmächtiges Bestehen ist: »Das Lebendige steht einer unorganischen Natur gegenüber, zu welcher es sich als dessen Macht verhält und die es sich assimiliert[32].« Die »objektive«, gegenständliche Natur hebt sich in der Tätigkeit der »subjektiven« Lebendigkeit als ein »Nichtiges« auf, mit dem Resultat, daß die letztere »sich selbst erhält, sich entwickelt und objektiviert«. Das Wesen der Natur in diesem Lebensverhältnis des Lebendigen besteht also darin, schon immer die äußere Welt des Lebendigen, seine Lebenswelt zu sein, in der es sich erhält, indem es sie assimiliert, das Äußerliche als subjektiv setzt und mit sich identifiziert. Die Formen dieses Prozesses sind selber wieder dreifacher Art: »Erstens der theoretische Prozeß; zweitens der reale, praktische Prozeß, drittens die Einheit beider, der ideell reelle Prozeß, die Umbildung des Unorganischen zum Zweck des Lebendigen – d. i. der Instinkt und der Bildungstrieb.«[33]

31 *WWG* IX, S. 621: »Das Selbstgefühl der Einzelheit [d. h. des Lebendigen M. R.] ist [...] unmittelbar ausschließend und gegen eine unorganische Natur als gegen seine äußerliche Bedingung und Material sich spannend.«

32 *WWG* VIII, S. 432 und IX, S. 622.

33 *WWG* IX, S. 622. Vgl. auch *WWG* V, S. 248, wo die Zweiheit des Verhältnisses des Lebendigen zur Außenwelt ebenfalls als Theorie-Praxis-Moment erscheint, mit der formalen Bestimmung des praktischen Prozesses als »reelle Reflexion«. Sowohl diese Unterscheidungen als auch einzelne Momente der Darstellung beider Prozesse innerhalb der *Naturphilosophie* sind aristotelischen Ursprungs, – freilich mit dem

In diesen drei Grundstellungen spielt sich nach Hegel der Assimilationsprozeß des Lebendigen mit der Natur ab; obwohl es sich auf selber gegenständliche Weise gegen sie als gegenständliches Dasein spannt, ist der Zusammenhang beider »schlechthin ein absoluter, untrennbarer«. Alles Lebendige steht im Verhältnis zur Natur, die es zum Lebenkönnen voraussetzt und von deren Äußerlichsein es nicht zu abstrahieren vermag. Daß es im Assimilationsverhältnis das Dasein der Natur gleichwohl überschreitet, sofern sie es als gegenständliches in sich einbezieht und nicht in seinem Sosein beläßt, ist nach Hegel eine nachträgliche Interpretation, die das Abhängigkeitsverhältnis des Lebendigen von der Natur nicht aufhebt.[34] An ihm selber besteht der Assimilationsprozeß des Lebendigen zunächst nur in der Gegenständlichkeit des Verhaltens *zur* Natur.

Das Fundament des *theoretischen Prozesses* mit der Natur bildet für Hegel die Gliederung der organischen Sensibilität zum System der Sinne.[35] Die Sinne können als

wesentlichen Unterschied, daß für Aristoteles das Ernährungsvermögen (τὸ ϱεπτικόν) der »Seele« weder »praktisch« und das Wahrnehmungsvermögen (τὸ αἰσθητικόν) nicht schon »theoretisch« ist. Vgl. vor allem, *De an.* II 2, 413 b 1 ff.; 3, 414 a 29 ff.; 4, 415 a 23 ff.

34 In dieser Nicht-Transzendierbarkeit der Natur durch das Lebendige sieht Hegel seine Endlichkeit: »Aber für das Individuum wird die unorganische Natur eine vorausgesetzte, vorgefundene; und darin besteht die Endlichkeit des Lebendigen. Das Individuum ist für sich dagegen, aber so, daß dieser Zusammenhang beider schlechthin ein absoluter, untrennbarer, innerlicher, wesentlicher ist; denn das Organische hat diese Negativität in sich selbst.« (*WWG* IX, S. 622.) Im Unterschied dazu ist die positive Voraussetzung des Übergangs von der Philosophie des Lebendigen zur Anthropologie die Transzendenz des Lebens durch den Geist. Vgl. die auf die Phänomene von Krankheit und Tod des lebendigen Individuums bezüglichen §§ 371-375 der *Naturphilosophie*, *WWG* IX, 696 ff. und 717 ff.

35 *WWG* IX, S. 622: »Indem die tierische Organisation in dieser äu-

»Bestimmung der Leiblichkeit (des Auges usf. überhaupt jedes körperlichen Teils)« betrachtet und als die spezifische Natürlichkeit der Lebewesen einander »systematisch« zugeordnet werden. Sie erscheinen als Modifikationen des Empfindens, die aus einem unterschiedenen Verhalten des Lebendigen zur Natur in ihrer Verschiedenheit entspringen: »Die unterschiedenen Bestimmungen, die wir an der unorganischen Natur gesehen haben, sind auch ein verschiedenes Verhalten des Organischen zu ihr, als Modifikationen des Empfindens; und so heißen sie eben die Sinne.«[36] Die Sinnlichkeit besteht also nicht nur in der Modifikation der Leiblichkeit, die sich zur Vielgestaltigkeit der Sinne auseinanderlegt, sondern zugleich in der Spezifikation ihrer Gegenstände.[37] Sinnlich sein heißt für das Lebendige, sinnliche Gegenstände außer sich haben, Äußerung der Sinnlichkeit an der Gegenständlichkeit der Natur. So manifestiert der elementare Tast- oder Gefühlssinn die physische Sphäre: Schwere, Kohäsion, Elastizität, Härte, Wärme; er ist der »Sinn des Irdischen, der Materie, des Widerstand Leistenden, nach welchem ich unmittelbar als Einzelner existiere und das Andere auch als Einzelnes an mich kommt, als Materielles, das für sich ist,

ßerlichen Beziehung unmittelbar in sich reflektiert ist, so ist dies ideelle Verhalten der theoretische Prozeß, die Sensibilität als äußerer Prozeß, und zwar als bestimmtes Gefühl, welches sich in die Vielsinnigkeit der unorganischen Natur unterscheidet.« Vgl. *WWG* VI, S. 208 f.

36 *WWG* IX, S. 623. Vgl. dazu *Anthropologie*, X, S. 129, wo Hegel die Erörterung der Sinnesstruktur wiederholt: »Die allgemeinen Weisen des Empfindens beziehen sich auf die [. . .] verschiedenen physikalischen und chemischen Bestimmtheiten des Natürlichen und sind durch die verschiedenen Sinnesorgane vermittelt.«

37 Vgl. *WWG* X, S. 127. Hier nennt Hegel das System der Sinne das »einfache System der spezifizierten Körperlichkeit«, wobei »Körperlichkeit« als Begriff sowohl die Leiblichkeit der anthropologischen Subjektivität wie die Gegenständlichkeit der äußeren Natur bezeichnet.

wie ich es auch empfinde«.[38] Geruch und Geschmack sind an die Elemente von Luft und Wasser gebunden; weil sie wesentlich zur »reellen« Aneignung in Bezug stehen, nennt Hegel sie die »praktischen Sinne, deren Gegenstand das reale Sein der Dinge für Anderes ist, wodurch sie verzehrt werden«.[39] Das Auge, der Sinn des Lichts, zeigt die »gegenständliche Wirklichkeit als gleichgültiges Selbst«, die bloße Gegenständlichkeit der Natur; ungegenständlich verhält sich für Hegel allein das Gehör, die Wahrnehmung nicht nur des Klanges der Dinge, sondern der aus sich tönenden Verlautbarung des Lebendigen: »Im Gehör hört der Gegenstand auf, ein Ding zu sein.«[40] Darüber hinaus haben Gesicht und Gehör, die theoretischen Sinne schlechthin, eine zentrale Bedeutung, sofern sie auf die allgemeine Struktur der Sinnlichkeit, auf Raum und Zeit als naturphilosophische Bestimmungen des Lebendigen selber verweisen: »Im Sehen manifestiert sich das physische Selbst [d. h. die natürliche Subjektivität des Lebendigen M. R.] als räumliches, im Hören als zeitliches.«[41] Die Sensibilität der Sinne eignet sich die Gegenstände in ihren Beschaffenheiten und Unterschieden auf je spezifische Weise an. Einerseits bleibt – und dies unterscheidet den theoretischen Prozeß vom praktischen – die Äußerlichkeit oder Gegenständlichkeit der Natur bestehen, andererseits ist dieses Bestehen in der »unendlichen Einheit der Subjektivität« aufgehoben.[42] Indem das Lebendige empfindet, ist es Selbst-Empfindung; aber es empfindet nicht nur sich selbst, sondern sich als auf besondere Weise bestimmt. Es ist, wie Hegel sich in einer etwas un-

38 *WWG* IX, S. 625.

39 Ebenda, S. 626.

40 Ebenda.

41 Ebenda.

42 Ebenda, S. 624.

gewöhnlichen, von seiner sonstigen Redeweise abweichenden Terminologie ausdrückt, »natürliche Subjektivität«, so daß sein theoretischer Prozeß das gegenständliche Bestehen der Natur nicht nur aufhebt, sondern zugleich ständig reproduziert.

Die im theoretischen Prozeß nur »formelle« Assimilation schlägt im *praktischen Prozeß* um in die »reelle« Aneignung einzelner, wirklicher Dinge. »Die Reflexion aus dem *Theoretischen*«, heißt es schon in den *Jenenser Vorlesungen,* »ist das *Praktische*«. Während das Lebendige im Theoretischen in sich stehenbleibt und nur mit seinen Sinnen dem Ganzen der Natur geöffnet ist, tritt es hier »als Ganzes außer sich«. Im praktischen Verhalten ist der lebendige Organismus »ein sich selbst nach außen Kehrendes. Er selbst ist sich negativ. Die unorganische Natur ist dies Andre«.[43] Was Hegel am praktischen Verhältnis als philosophisch konstitutiv herausstellt, läßt sich im wesentlichen auf die bekannten Schemata der Subjekt-Objekt-Dialektik zurückführen. Die Subjektivität des Lebendigen ist auf eine »objektive« Natur bezogen, und diese selber erscheint nur als Moment *in* diesem Bezug: sie ist schon immer das Objekt eines Subjekts, eben weil die »natürliche Subjektivität« in dieser Beziehung zugrunde liegt. Damit weist das Lebendige über den Vorgang des praktischen Verhaltens hinaus auf die prinzipielle *Stellung,* in der es dem Seienden gegenübersteht und das in dieser Stellung als »seine« Natur, als die un-organische Natur des Lebendigen erscheint; die Negation der Subjektivität führt zur Position der Gegenständlichkeit – ihrer selbst *und* der Natur: »Der *reelle* Prozeß oder das *praktische* Verhältnis zu der unorganischen Natur beginnt mit der Diremtion in sich selbst, dem Gefühl der Äußerlichkeit als

43 *Realphil.* II, S. 162.

der *Negation* des Subjekts, welches zugleich die positive Beziehung auf sich selbst und deren *Gewißheit* gegen diese seine Negation ist, – mit dem Gefühl des *Mangels*, und dem *Trieb* ihn aufzuheben, an welchem die Bedingung eines *Erregtwerdens* von außen und die darin gesetzte Negation des Subjekts in der Weise eines *Objekts*, gegen das jenes gespannt ist, erscheint.«[44] Das Gefühl des Mangels bezeichnet Hegel auch als das »Bedürfnis« des Lebendigen, das immer mit dem Trieb zu seiner Aufhebung verbunden ist. Die Lebensmomente von Begierde, Trieb, Bedürfnis sind, in ihrem Bezug gefaßt, Negationen des »an sich« identischen Subjekts, das sie ertragen und ins »Positive«, d. i. Sich-selber-Setzende, wenden kann, weil das Leben in seinem Prozeß die Negation dieser Negation ist.

Das Wesentliche am praktischen Prozeß gegen die Außenwelt besteht nun darin, daß auch hier das Äußere der Welt durch die leibliche Bestimmtheit des Lebendigen spezifiziert wird und nur als jeweils sein Äußeres und seine unorganische Natur erscheint. Durch die Mitte des praktischen Bedürfnisses steht das Lebendige mit den »abstrakten Mächten der Natur« im »Zusammenhang«, aber so, daß dieser ein je besonderer ist. Der Trieb in seiner Bestimmtheit bestimmt das Lebendige selber, so daß nur »ein beschränkter Umkreis der allgemeinen unorganischen Natur« für es *ist*. Jedes Tier hat auf dem Grunde dieser partikularen Triebdetermination nicht die Natur im ganzen, sondern nur eine ihm eigentümliche Sphäre oder Lebenswelt zu seiner »eigenen unorganischen Natur, die allein für es ist«.[45] Die Entgegensetzung der Natur ist im

44 *WWG* IX, S. 628. Vgl. *WWG* VI, S. 209 f.

45 *WWG* IX, S. 635: »Der Trieb im besonderen Tier ist ein ganz bestimmter Trieb; jedes Tier hat nur einen beschränkten Kreis zu seiner eignen unorganischen Natur, die allein für es ist, und die es sich

praktischen Prozeß nicht ein Entgegengesetztes überhaupt, sondern das Gegensätzliche des im Prozeß stehenden Lebendigen: »Das Tier kann nur durch *seine* unorganische Natur erregt werden, denn das Entgegengesetzte ist nur *sein* Entgegengesetztes.«[46] Das Resultat des praktischen Prozesses ist die natürliche Reproduktion des Lebendigen, die Aufhebung des Bedürfnisses durch die Assimilation des Gegenstandes. Er zielt nicht auf die »Hervorbringung eines Mittels«, sondern auf die Hervorbringung des Zwecks, d. i. der lebendigen Subjektivität selber,

aus vielem und zwar vermöge des Instinkts, heraussuchen muß.« Es ist interessant zu sehen, daß Hegel hier in die naturphilosophische Argumentation durch Theoreme der Anthropologie abstützt, indem er die praktische Lebenstätigkeit des Menschen von der des Lebendigen ausdrücklich unterscheidet und an dieser Unterscheidung das Spezifische des praktischen Prozesses für das Leben des Lebendigen artikuliert. Mit dem Tiere verglichen, habe der Mensch einen »viel ausgedehnteren Kreis« seiner assimilierenden Lebenstätigkeit. Während klimatische Unterschiede der Erde das Tier bestimmen, lebe er »überall« und unabhängig von den geographischen »Lokalitäten«, von Wald, Ebene, Gebirge usf., weil er nicht, wie das Tier, ein »unmittelbares Dasein« inmitten der Natur lebt, sondern sich, indem er aus ihrer Mitte heraustritt, mit ihr »vermitteln« kann. Denn auch der Mensch steht für Hegel im praktischen Prozeß gegen die Äußerlichkeit und muß sich für sein Lebenkönnen das Seiende assimilieren. Von hier aus bestimmt Hegel den Menschen in der Weise, daß er ihn das »allgemeine, denkende Tier« nennt, das in seiner praktischen Lebenstätigkeit die Natur zu einem Gegenstand und »alle Gegenstände zu seiner unorganischen Natur« macht, und zwar »auch für sein Wissen«. Auf diesem Standpunkt wird also sein Denkvermögen in den praktischen Prozeß gegen die Äußerlichkeit eingespannt und er selber, sofern er sich praktisch zur Natur verhält, zu einem »denkenden Tier« bestimmt. Während aber die menschliche Lebenspraxis die Erweiterung des theoretischen Prozesses der Sensibilität zum (sprachlich vermittelten) Denken voraussetzt, entspringt die Praxis des Lebendigen unmittelbar, d. i. ohne die erweiternde Vermittlung des Denkens aus seiner Trieb- und Instinktdetermination.

46 *WWG* IX, S. 635. Diese Bestimmungen kehren u. a. wieder im

die sich im praktischen Zusammengehen mit der Natur mit sich zusammenschließt und »auf reelle Weise für sich« wird.[47]

Obwohl der praktische Prozeß die unorganische Natur verändert und ihre materielle Selbständigkeit aufhebt, wird in ihm das Lebendige nicht für sich selbständig, weil die praktische Beziehung an die Bedingung der Gegenständlichkeit der Dinge gebunden bleibt. Das »wahre Fürsichwerden« des Lebendigen vollzieht sich nach Hegel erst in einem dritten, die Momente des Theoretischen und Praktischen in sich vereinigenden Prozesse, den er mit den der biologisch-anthropologischen Terminologie der Aufklärung entnommenen Ausdrücken *Bildungs-* und *Kunsttrieb* umschreibt.[48] Beide werden synonym verwendet. Das von Hegel bevorzugte Wort »Bildungstrieb« meint nicht die natürliche Reproduktion des lebendigen

§ 190 der *Philosophie des Rechts,* wo Hegel auf die unterschiedlichen »Kreise« von Tier und Mensch hinsichtlich der Bedürfnisse und ihrer Befriedigung hinweist.

47 *WWG* IX, S. 645 und 657.

48 *WWG* IX, S. 660 ff. Beide Ausdrücke werden schon bei Schelling (*Erster Entwurf eines Systems der Naturphilosophie* [1799], *Werke* II, ed. M. Schröter, München 1927, S. 171 ff.) verwendet, wie Hegel sich überhaupt an die Schematisierung der Schellingschen Organismuslehre (u. a. an die Unterscheidung von Sensibilität, Irritabilität und Bildungstrieb) anlehnt, sie inhaltlich aber entscheidend verändert. Der Begriff des »Kunsttriebes«, im 18. Jahrhundert durch H. S. Reimarus in das popularphilosophische Bewußtsein eingegangen (*Allgemeine Betrachtungen über die Triebe der Tiere, hauptsächlich über ihre Kunst-Triebe,* Hamburg 1760), geht auf die antike Naturforschung und Philosophie zurück. Vgl. Aristoteles, *Hist. anim.* VIII, Cap. 1; 10; Galen, *De us part.* I, 2. 3; Seneca, *Ep.* CXXI. Während dieser dem Umkreis der antiken Auslegung des Lebendigen entstammt, scheint der Ausdruck »Bildungstrieb« mit den Ansätzen des 18. Jahrhunderts, das »Organische« als »Werden« zu begreifen, im Zusammenhang zu stehen (Blumenbach). Es wäre eine eigene Aufgabe zu zeigen, wie Hegel auch in der Naturphilosophie die verschiedenen Traditionselemente

individuums in seiner »Gestalt«, sondern bezeichnet primär die bildende Tätigkeit des Lebendigen in seiner Umwelt. Weil im Bildungsprozeß des Lebendigen ein »Äußerliches« der Umwelt, das zu seiner »unorganischen Natur« gehört, in der Weise assimiliert wird, daß es »zugleich als äußerlicher Gegenstand« verbleibt, erscheint er für Hegel als die »Einheit des ideellen theoretischen und des realen Prozesses«. Zwar richtet sich der Bildungs- oder Kunsttrieb ebenfalls auf die Äußerlichkeit und entäußert das Lebendige der Schranke seines natürlichen Leibes, aber es behält *sich* in der Entäußerung, sofern seine eigene, subjektive »Form«, d. h. es selbst als Subjekt, in die Äußerlichkeit eingebildet wird. Der Bildungstrieb ist ein »sich selbst Sich-äußerlich-Machen, aber als Einbildung der Form des Organismus in die Außenwelt«.[49] Er geht von der Begierde oder dem Bedürfnis aus, aber im Unterschied zum praktischen Prozeß verhält sich das Lebendige nicht bloß negativ und »vernichtend« zur Außenwelt, sondern in der Negation der Begierde zugleich »positiv« – er ist in seinem Vollzug die Position des Lebendigen im Gegenstande. »Die Begierde«, sagt Hegel, offenkundig im Hinblick auf jene Handlungsweise, die er in der *Phänomenologie des Geistes* »Arbeit« nennt und als Grundbestimmung des Menschen thematisiert, »ist also zugleich befriedigt und gehemmt; und der Organismus macht sich nur objektiv, indem er die unorganische Materie für sich zu-

einer philosophischen Theorie des Lebens (Aristoteles, Kant, Schelling, die romantische Naturphilosophie) mit den neuen Lehren der großen Naturforscher der Aufklärung (Buffon, Bichat, Lamarck, Spallanzani, Treviranus und andere) verbindet.

49 *WWG* IX, S. 661. »Der Gegenstand«, heißt es an dieser Stelle, »wird auf eine Weise formiert, in der er das subjektive Bedürfnis des Tiers befriedigen kann; es findet hier aber nicht bloßes feindliches Verhalten der Begierde zur Außenwelt, sondern eine Ruhe gegen die äußere Existenz statt«.

rechtlegt. Praktisches und theoretisches Verhältnis sind hier so vereinigt«.[50] Die »Bildung« in diesem Prozesse erscheint als das »zweckmäßige Tun« des Lebendigen, das zugleich mit seinem Zwecke das »Vorherbestimmte« und Tätige ist, wobei es »sich zu Anderem verhält und darin sich selbst erhält, indem es das Andere assimiliert«.[51] Seinem »inneren Begriff« gemäß sind alle Dinge »Mittel«, und das heißt: »bezogen auf eine Einheit, so, daß diese Einheit (hier das Lebendige) nicht wäre ohne dieses Ding, das zugleich nur ein Moment im Ganzen ist, ein Aufgehobenes, kein Selbständiges, An-und-Fürsichseiendes«.[52] Als Beispiele des dem Lebendigen immanenten Bildungstriebes nennt Hegel die Errichtung von Nestern, Höhlen, Lagern, worin es seinen Ort verändert, damit die »allgemeine Totalität der Umgebung«, wenn auch nur der »Form« nach, die »seinige« werde. Ferner weist Hegel auf die Anlage von Futtervorräten und Bereitung von Waffen hin, womit es die Naturdinge zur Nahrung vermittelt (das Netz der Spinne usf.) oder Feinde abwehrt.

Im Hinblick auf unsere Fragestellung wird nun vor allem wichtig, daß Hegel das Lebendige in der bildenden Kunst-Tätigkeit zum »Selbstgefühl« kommen läßt. »In-

50 Ebenda, S. 662. Durch die Veränderung des Gegenstandes zur zweckmäßigen Form der Lebendigkeit befriedigt sich der »Trieb«, ohne daß der Gegenstand »aufgehoben« wird und »praktisch« verschwindet. Die »theoretische Seite« im Kunsttrieb liegt eben darin, daß das Ding in seinem Bezug auf das Bedürfnis nicht verzehrt, sondern erhalten, d. h. »bloß formiert« wird.

51 *WWG* IX, S. 661.

52 Ebenda, S. 662. Die Beziehung der Naturphilosophie zur Anthropologie, der organischen Praxis zur menschlichen Tätigkeit nach Zwekken hat Hegel hier wiederum ausdrücklich vermerkt. Der Kunsttrieb des Lebendigen ist innerhalb der tierischen Lebenswelt nur sein »inneres Ansich«, der »bewußtlose Werkmeister«, welcher erst beim »menschlichen Künstler« zu vollendeter Entfaltung kommt und im Denken »Begriff für sich selbst« wird.

dem im Bildungstriebe das Tier sich selbst hervorgebracht hat und doch noch dasselbe Unmittelbare ist, so kommt es erst hier zum Genusse seiner selbst, zum bestimmten Selbstgefühl.«[53] Im praktischen Verhalten hingegen »war es nur Genuß der Außendinge, die unmittelbare Empfindung nur abstraktes Insichsein, worin das Tier nur dies empfindet, wie es bestimmt ist«. Das Lebensgefühl im praktischen Verhältnis wird primär von der Äußerlichkeit der Natur bestimmt, während im tätigen Verhalten der Bildung das Lebendige selbst »bestimmt«, nämlich die im Praktischen noch bestimmende Äußerlichkeit. So kommt es im Prozeß mit der äußeren Natur zur Objektivierung seiner selbst, zum Selbstgefühl in der äußeren Gegenwart des formierten Gegenstandes: »Das Tier *ist* befriedigt, indem es Hunger und Durst stillt; es *hat* aber noch nicht *sich* befriedigt, dies erlangt es erst jetzt. Indem es das Äußere sich angemessen macht, hat es sich selbst in äußerer Gegenwart und genießt sich.«[54]

Uns interessiert hier nicht die naturphilosophische Fragwürdigkeit dieser Begriffe und Sätze, sondern die anthropologischen Komponenten der Darstellungsform, das Hinüberspielen des menschlichen Horizontes in den »natürlichen« und des natürlichen in den »menschlichen«. Denn gerade dieses zweideutige Hinüberspielen der Auslegungshorizonte wird zum Problem, wenn man die Marxsche Interpretation des Mensch-Natur-Verhältnisses mit Hegels Auslegung des Lebendigen und seines Naturverhaltens vergleicht. Es kann kein Zweifel bestehen, daß die theoretisch-praktischen Grundstellungen des Lebendigen zur Natur, wie sie Hegel im Rahmen der Naturphilosophie bestimmt, in der Anthropologie des Historischen Materialismus wiederkehren und ihre Begriffsbildung ent-

53 *WWG* IX, S. 664 f.

54 Ebenda, S. 665.

scheidend bestimmen. Wie das zu verstehen sei und welche Konsequenzen sich daraus für das Verhältnis von Natur und Mensch einerseits und für die Beziehung des Theoretischen und Praktischen zum Selbstverständnis des Menschen andererseits ergeben, wird im folgenden zu zeigen sein. Wir beziehen uns zunächst auf den theoretischen Ansatz, der sich für den jungen Marx mit den *Pariser Manuskripten* von 1844/45 stellt, um dann die wenigen, aber inhaltsreichen naturphilosophisch-anthropologischen Partien heranzuziehen, die sich in den Vorarbeiten zur *Kritik der politischen Ökonomie* (1857/58) finden. Ein kurzer Hinweis auf das *Kapital* (1867) soll schließlich zeigen, wie auch dort das anthropologische Fundament erhalten bleibt, indem der Mensch in erster Linie als homo faber und die Natur qua Erde als das Arbeitsfeld und -arsenal seiner theoretischen, praktischen und produktiven Tätigkeit genommen wird.[55]

II

Der Denksatz des jungen Marx bewegt sich mit einiger Gleichförmigkeit im Umkreis von drei Kategorien: Natur, Mensch und Arbeit. Der Mensch ist Naturwesen, die Natur »Wesen« für den Menschen und die Arbeit die Mensch und Natur verbindende und aneinanderbindende, vermit-

55 Wenn im folgenden nachgewiesen wird, daß die Strukturen der Hegelschen Theorie des Lebendigen im Ansatz der Marxschen Anthropologie wiederkehren, so versteht sich, daß es sich dabei nicht um eine direkte »Abhängigkeit« von der Naturphilosophie handeln kann. Es ist aber immerhin bemerkenswert, daß Marx dieses Werk eingehend studiert hat (Vgl. dazu die aus der Berliner Zeit stammenden Exzerpte, die vor allem den Abschn. *Organik* betreffen, in: *MEGA*, I. Abt., Bd. I, 2, S. 99.) und im Zusammenhang seiner Hegel-Kritik in den *Ökonomisch-Philosophischen Manuskripten* dem Naturbegriff besondere

telnde Bewegung, in welcher erst beide – Natur wie Mensch – das werden, was sie »an sich« sind. Der Mensch ist nach Marx »unmittelbar Naturwesen«, und diese Unmittelbarkeit liegt näher darin, daß er lebendiges Naturwesen ist. Die Lebendigkeit äußert sich in »natürlichen Kräften« und »Trieben«, die den Menschen in Bewegung »setzen«. Daher ist er weder ein lebendiges Naturwesen noch überhaupt und unmittelbar Naturwesen, sondern wesentlich ein »tätiges Naturwesen«, das seine Tätigkeit zu zeigen und an den Gegenständen der Natur zu bewähren sucht. Aber diese Tätigkeit steht nicht außerhalb der Natur, sondern in ihr spielt das Leben des Menschen in das Geschehen der Natur hinüber und dieses in jenes hinein. Wie der Mensch einerseits »von Haus aus« Natur ist, so ist die Natur sein »Haus«, die Stätte seiner Lebensbetätigung. So versteht es sich, daß die Natürlichkeit der Natur – bei Marx wesentlich ihre »Gegenständlichkeit« – eine Qualität der eigenen, menschlichen Natur ist. Das Wesen des Menschen gründet nicht in der »Unnatürlichkeit« und »Ungegenständlichkeit« des Geistes, sondern im gegenständlichen Bestehen der Natur, in der er selber durch seine Tätigkeit sich vergegenständlicht. Das »gegenständliche Wesen« des natürlichen Menschen »wirkt ge-

Aufmerksamkeit widmet (*MEGA*, 1. Abt., Bd. III, S. 170 ff. – Marx besaß u. a. auch im Londoner Exil ein Exemplar der Hegelschen *Naturphilosophie* [Vgl. Marx-Engels, *Briefwechsel* Bd. II, Berlin 1949, S. 404; Engels an Marx 14. Juli 1858]). – Die Vorarbeiten zur *Kritik der politischen Ökonomie* sind zuerst 1939 und 1941 in Moskau (zweibändig) und 1953 in Berlin veröffentlicht worden. Sie nehmen, auf neuer Reflexionsstufe, die Theorie der Industrie, der entfremdeten Arbeit und der Geschichte, wie sie uns in den *Pariser Manuskripten* entgegentreten, wieder auf und zeigen, daß die Differenz zwischen dem »jungen« und »späten« Marx keine prinzipielle ist. Vgl. auch die diesbezüglichen Bemerkungen bei A. Schmidt, *Der Begriff der Natur in der Lehre von Marx*, S. 10.

genständlich, und es würde nicht gegenständlich wirken, wenn nicht das Gegenständliche in seiner Wesensbestimmung läge. Es schafft, setzt *nur Gegenstände, weil es* durch Gegenstände gesetzt ist, weil es von Haus aus *Natur* ist«.[56]

Diese Voraussetzung des natürlichen Menschen im Umkreis der Natur hat Marx im Gegensatz zu Hegel entworfen, dem der Mensch als ein »nicht-gegenständliches, spriritualistisches Wesen« gilt und der deshalb sein anthropologisches Fundament nicht in der Naturphilosophie ansetzt. Marx findet es weder rätselhaft noch unbegreiflich, daß ein »lebendiges, natürliches, mit gegenständlichen, i. e. materiellen Wesenskräften ausgerüstetes und begabtes Wesen«, wie der Mensch es ist, auch »wirkliche, natürliche Gegenstände« seiner Wesenskräfte und Wesenstätigkeiten habe, denn diese Kräfte und Tätigkeiten »verlangen« natürliche Gegenstände, an denen sie ihre Verwirklichung finden. Die natürlichen Kräfte und Triebe des lebendigen Naturwesens betätigen sich sowohl erst an den Gegenständen, als die Gegenstände erst an ihnen in ihrer eigentümlichen Beschaffenheit sich vergegenständlichen. Denn für Marx ist die »gegenständliche Wirklichkeit« eins mit der »menschlichen Wirklichkeit«, mit der »Wirklichkeit der menschlichen Wesenskräfte« und umgekehrt.[57]

Es versteht sich, daß, wenn der Mensch in die Natur eingespannt ist und die Natur umgekehrt in ihn, er als ein lebendiges wirkendes Naturwesen teilhat am allgemeinen, am *Gattungsleben des Lebendigen* – am physischen Leben-von-der-Natur. Die Natur enthält die Mittel für die Lebenserhaltung der Lebendigen, die von ihr »zehren« müssen, um nicht zu verenden. Daraus, daß der Mensch in der Weise aller Lebendigen von der Natur lebt, ergibt sich

56 *MEGA*, 1. Abt., Bd. III, S. 160.
57 Ebenda, S. 119.

für Marx das grundlegende Verhältnis zwischen Mensch und Natur: »Die Natur ist sein Leib, mit dem er in beständigem Progreß bleiben muß, um nicht zu sterben.«[58] Für den Menschen in seiner Leiblichkeit ist die Natur nicht »die Natur aller Dinge«, sondern primär sein unorganischer Leib, die Verlängerung seiner selbst und die Voraussetzung seiner Lebenstätigkeit. Wie bei Hegel das Lebendige die Natur aus sich »entläßt« zur »un-organischen« Natur, so hat auch bei Marx der Ausdruck »Natur« in erster Linie einen anthropologischen Sinn: die Natur ist schon immer Tätigkeitsfeld für den Menschen. Der Unterschied des Menschen zu den anderen Lebendigen besteht allein darin, daß er ein »universelles« Wesen ist, mit universellen Wesenskräften und Tätigkeiten begabt, die sich an der Natur im ganzen äußern, so daß sie als universelles Objekt und der tätige Mensch ihr gegenüber als Subjekt begriffen werden kann. Die bei Hegel nur beiläufig auftretende Bestimmung, daß der Mensch, sofern er lebendiges, natürliches Wesen ist, das Gegenständliche der Natur nicht nur als beschränkten Umkreis, sondern als »universellen Gegenstand« auffaßt, bezeichnet für Marx den Horizont der Anthropologie. Die Lebendigen sind »species« und allein der Mensch »Gattung« und »freies« Gattungswesen, weil er faktisch die »ganze Natur« zu »seinem unorganischen Körper« macht und machen kann. Seine Universalität und sein freies, zur Vergegenständlichung und Unterwerfung der Natur befreites Wesen erscheint nach Marx »praktisch«, in der Universalität menschlicher Praxis in der Welt – »eben in der Universalität, die die ganze Natur zu seinem unorganischen Körper macht, sowohl insofern sie erstens ein unmittelbares Lebensmittel, als inwiefern sie zweitens die Materie, der Gegenstand und das Werkzeug

58 *MEGA*, 1. Abt., Bd. III, S. 87.

seiner Lebenstätigkeit ist«.[59] Was in diesem Zusammenhang auffällt, ist die Gleichheit der Aussageweise, die in Hegels Naturphilosophie und in Marx' Anthropologie den Gegenstandsbereich »Natur« meint: die Natur als »unorganischer Körper« oder »Leib der Subjektivität«, von dem das als Subjektivität begriffene Lebewesen sowohl zehrt als an ihm sich darstellt.

Die unter dem Titel *Grundrisse der Kritik der politischen Ökonomie* veröffentlichten Reflexionen der späten fünfziger Jahre verschärften noch den für die *Pariser Manuskripte* kennzeichnenden Zusammenhang von menschlicher Lebendigkeit und natürlicher Welt, das Eingespanntsein der Natur in die Lebensäußerungen des Menschen und ihre Ausrichtung auf seinen Leib. Ihr eigentliches Thema bewegt sich um das Fundament der menschlichen Arbeit. Aber schon darin, wie Arbeit jenseits des sozialen und politischen Bezugsrahmens bestimmt wird, gehen sie über auf das allgemeine Fundierungsverhältnis von Natur und Mensch und die wechselseitigen Beziehungen beider. »Arbeit«, heißt es da u. a., sei die »Fähigkeit in einem Lebendigen«, »subjektive Tätigkeit« und »produktives Dasein«, »Produktion« des Individuums, worin es sich »vergegenständlicht«, und »Reproduktion« der ganzen Gesellschaft, worin diese in »stets größerer Fülle« sich gegenwärtig wird.[60] Nicht zufällig treten im Zusammenhang dieser offenkundig an Hegels Naturphilosophie orientierten Redeweise die aristotelischen Unterscheidungen von Stoff und Form, auch von Natur und Kunst auf. Die Gleichgültigkeit des Stoffs gegen die Form in der »künstlichen« Arbeit des Menschen entwickelt sich, sobald der geformte Stoff aus der »besee-

59 *MEGA*, 1. Abt., Bd. S. 87: »Die Natur ist der unorganische Leib des Menschen, nämlich die Natur, soweit sie nicht selbst menschlicher Körper ist.«

60 *Grundrisse*, S. 231, 137, 389, 393, 391, 229 u. ö.

lenden« Tätigkeit des Formierens freigelassen und aus dem zeitlichen Prozeß der Arbeit gleichsam wieder in das äußerliche Bestehen bloßer Räumlichkeit hinaustritt. Der Stoff erhält die Form im Tun der Arbeit »durch kein lebendiges, immanentes Gesetz der Reproduktion, wie der Baum z. B. seine Form als Baum erhält«, sondern existiert nur an der Form, aber nicht in ihr. Erst in die Bedingungen der »lebendigen Arbeit« versetzt, würden Stoff und Form wieder »beseelt«. Die »vergegenständlichte Arbeit« hört auf, tot am Stoffe als gleichgültige Form zu existieren, da sie »selbst wieder als Moment der lebendigen Arbeit gesetzt ist«.[61] Weil die Arbeit für Marx ein wesentliches Vermögen der menschlichen Lebendigkeit ist, bezeichnet er sie als eine »lebendige Zeit« und den Stoff sowie die stofflichen Mittel als ihre gegenständlichen »Daseinsmomente«. Von sozialen und politischen Bestimmungen unabhängig ist sie wesentlich »das lebendige gestaltende Feuer; die Vergänglichkeit der Dinge, ihre Zeitlichkeit als ihre Formierung durch die lebendige Zeit«.[62]

Die philosophisch-anthropologische Interpretation des Menschen als Lebendigkeit, welche die Auszeichnung der Arbeit als einer lebendigen, beseelenden Verrichtung bestimmt, tritt besonders dann deutlich zutage, wenn Marx auf die ursprüngliche Voraussetzung der Arbeit zu sprechen kommt und sie an ihrem Ursprung aufsucht. Die ursprünglichen Bedingungen der Arbeit können nicht schon selber am Ursprung aller Produktion produziert sein, sondern liegen ihr voraus und zugrunde. Diese ursprüngliche Voraussetzung bilden auf der einen Seite die Natur als ein Objekt, auf der anderen der Mensch als ein natürliches Subjekt. Wie das »arbeitende Subjekt« an seinem Ursprung »natürliches Individuum, natürliches Dasein« ist,

61 Vgl. *Grundrisse,* S. 265 f.

62 Ebenda.

so auch das Dasein der Natur. Es erscheint als die »erste objektive Bedingung seiner Arbeit«, als sein »unorganischer Leib«, und zwar zunächst jenseits aller tätig-subjektiven Setzung: »In anderen Worten: die ursprünglichen Bedingungen der Produktion erscheinen als Naturvoraussetzungen, *natürliche Existenzbedingungen des Produzenten,* ganz so wie sein lebendiger Leib, sosehr er ihn reproduziert und entwickelt, ursprünglich nicht gesetzt ist von ihm selbst, als die *Voraussetzung* seiner selbst erscheint; sein eigenes Dasein (leibliches) ist eine natürliche Voraussetzung, die er nicht gesetzt hat.«[63] Was freilich deutlich unterschieden werden muß, ist die ursprüngliche Voraussetzung von Natur und Mensch und die faktische »Setzung« der Natur durch den Menschen. Wohl ist die unorganische Natur Bedingung und »objektive« Voraussetzung aller Tätigkeit, aber diese Voraussetzung ist keine absolute; sie ruht auf einem Grunde, der ihr vorausgeht, der Subjektivität, womit Marx das anthropologische Unterscheidungsmerkmal des Menschen bezeichnet. So heißt es ganz in der Sprache der Hegelschen Naturphilosophie: »Es selbst [das lebendige Individuum] ist nicht nur der organische Leib, sondern diese unorganische Natur als Subjekt.« Ihre Bedingung wird also »gesetzt«, obwohl sie als Bedingung vorausgesetzt ist[64] – ein Zirkel, der nicht auflösbar ist, weil er den Lebensprozeß alles Lebendigen ausmacht. So wird die Natur mit den bei Hegel vorgedachten Schemata betrachtet und mit ihr zugleich und in derselben Weise die Lebendigkeit des Menschen, von der Marx z. B. metaphorisch sagen kann, sie sei das »Laboratorium seiner Kräfte« und die »Domäne seines Willens«,

63 Ebenda, S. 389.

64 Vgl. *Grundrisse,* S. 388: »[. . .] wie das arbeitende Subjekt natürliches Individuum, natürliches Dasein, erscheint die erste objektive Bedingung seiner Arbeit als Natur, Erde, als sein unorganischer Leib.«

seine »Werkstätte« und sein »Lebensmittel«, der »vorgefundene Leib seiner Subjektivität« und die »unorganische Natur« dieser Subjektivität, worin sie »sich selbst realisiert«.[65]

Wenn das Verhältnis von Mensch und natürlicher Welt in dieser Weise gedacht und ausgelegt wird, im Erfahrungshorizonte der Lebendigkeit, dann liegt auf der Hand, daß der Bezug von Mensch und Natur und die Verhaltensweisen des Menschen zu ihr ebenfalls von dem allgemeinen Naturverhalten des Lebendigen bestimmt werden. In der Tat bezeichnet Marx die für den anthropologischen Charakter des Menschen konstitutive Arbeitsbeziehung zur Welt mit den Ausdrücken der Hegelschen Naturphilosophie. Dafür ist schon der häufige Gebrauch des Wortes »Stoffwechsel« charakteristisch. Wir verweisen auf die bekannte Stelle im *Kapital,* wo es zu Beginn des 5. Kapitels heißt: »Die Arbeit ist zunächst ein Prozeß zwischen Mensch und Natur, ein Prozeß, worin der Mensch seinen Stoffwechsel mit der Natur durch seine eigene Tat vermittelt, regelt und kontrolliert. Er tritt dem Naturstoff selbst als eine Naturmacht gegenüber. Die seiner Leiblichkeit angehörigen Naturkräfte, Arme und Beine, Kopf und Hand, setzt er in Bewegung, um sich den Naturstoff in einer für sein eigenes Leben brauchbaren Form anzueignen. Indem er durch diese Bewegung auf die Natur außer ihm wirkt und sie verändert, verändert er zugleich seine eigene Natur. Er entwickelt die in ihr schlummernden Potenzen und unterwirft das Spiel ihrer Kräfte seiner eigenen Botmäßigkeit.«[66] Hier zeigt sich zugleich

65 Ebenda, S. 384, 376 f., 396.

66 *Kapital,* S. 185. Vgl. S. 47 und 531. – Auf das Problem des »Stoffwechsels« und seine Bedeutung für Marx geht A. Schmidt ausführlich ein (Vgl. *Der Begriff der Natur in der Lehre von Marx,* a.a.O., S. 63 ff.). Der Zusammenhang mit dem in der Hegelschen Naturphiloso-

sehr deutlich, wie sich der Ansatz des jungen Marx für die Auslegung des Mensch-Welt-Verhältnisses bis zum *Kapital* durchhält: die Natur ist nur eine Welt für den Menschen, die er primär in der Perspektive der »Aneignung« erfährt, weil der Prozeß seines Lebens wesentlich ein »Stoffwechsel« ist.

Was für Hegel allein das Leben des Lebendigen im begrifflichen Kontext der *Naturphilosophie* bestimmt – die theoretische, praktische und »bildende« Assimilation der Dinge –, wird bei Marx zur Grundlage des Mensch-Welt-Verhältnisses im ganzen, zum »praktischen« Materialismus. Es ist nur konsequent, wenn ein philosophischer Ansatz, der den Menschen als Subjekt und Lebendigkeit und die Natur als gegenständiges, unlebendiges Objekt nimmt, zur Auslegung des Verhältnisses beider unter den Aspekten des Theoretischen und Praktischen führt, einmal, weil man von der faktischen Assimilation des Lebendigen, d. i. von Aufbau und Zweckgerichtetheit seiner Sinnlichkeit, nicht absehen kann, und zum anderen, weil die Lebendigkeit, indem sie Subjekt ist und in ihrem Subjektsein als die gesteigerte Subjektivität des Menschen gedacht wird, faktisch mit einer gesteigerten Verhaltensfähigkeit begabt ist, die schon immer auf die Unterwerfung der Natur zielt.

Weil für Marx der Ausdruck »Assimilation« die grundlegende Beziehung zwischen Subjekt und Objekt oder Mensch und Natur umschreibt, erscheinen die Phänomene des Theoretischen und Praktischen nicht nur in ihrer Gleichursprünglichkeit, sondern von vornherein unter dem Aspekt des Primats der Praxis. So rekurriert schon der

phie entwickelten Assimilationsprozeß des Lebendigen ist Schmidt entgangen, obwohl erst dadurch seine zutreffenden Beobachtungen über die »spekulativen Aspekte« des Marxschen Begriffs und auch die Bezeichnung der Natur als »unorganischer« ihre Erklärung finden dürften.

erste Entwurf der Marxschen Anthropologie in den *Pariser Manuskripten* auf die Einverleibung der Natur im theoretischen und praktischen Verhalten. Das allgemeine Leben, das Gattungsleben des Menschen wird darin gesehen, daß er »praktisch und theoretisch die Gattung, sowohl seine eigene als die der übrigen Dinge«, zu seinem »Gegenstand« macht und in diesem Tun sich zu sich selbst als zu einem »universellen«, darum »freien Wesen« verhält. Die Freiheit eines Lebewesens besteht für Marx primär in der Universalität der Verhaltensweisen, die Unfreiheit zeigt sich entsprechend in deren »Spezialität«, worin es sich jeweils in der Form seiner »species« verhält. Je universeller der Mensch daher sei als alle anderen Lebewesen, um so universeller der »Bereich der unorganischen Natur«, von dem er lebt: »Wie Pflanzen, Tiere, Steine, Luft, Licht etc. theoretisch einen Teil des menschlichen Bewußtseins, teils als Gegenstände der Naturwissenschaft, teils als Gegenstände der Kunst bilden, – seine geistige unorganische Natur, geistige Lebensmittel, die er erst zubereiten muß zum Genuß und zur Verdauung –, so bilden sie auch praktisch einen Teil des menschlichen Lebens und der menschlichen Tätigkeit.«[67]
Für Marx geschieht die »wirkliche Aneignung« der Natur nicht in der »gedachten«, sondern in der »tätigen realen Beziehung« des Menschen auf die für ihn natürlichen Lebensbedingungen innerhalb der Gegenstände der Natur, im »wirklichen Setzen derselben als der Bedingungen seiner subjektiven Tätigkeit«.[68] Während Hegel für den Menschen das »Denken« der Natur als »Befreiung« vom Banne ihrer Natürlichkeit begreift, spricht Marx vom Menschen primär in der Sprache der Naturphilosophie, die für die Lebendigen den »realen Prozeß gegen die

67 *MEGA,* 1. Abt., Bd. III, S. 87.
68 *Grundrisse,* S. 393.

Äußerlichkeit« als grundlegend herausstellt. Dieser Prozeß besteht in der das Äußerliche der Natur assimilierenden Arbeit, die ihrerseits als der »Lebensprozeß« und als »Produktion« und »Reproduktion« gedacht und bezeichnet wird. Die ursprüngliche Weite dieser »ökonomischen« Kategorien, die Herbert Marcuse mit Recht hervorhebt[69], gründet aber nicht schon, wie er annimmt, im Bereich der Ökonomie, sondern in ihrer Verschränkung mit dem bei Marx als lebendige »Subjektivität« gefaßten Menschen. Ökonomie selber untersteht den Bedingungen des Lebendigen; sie gehört zur Natur des Menschen, für den Konsumtion und Produktion zu grundlegenden Weisen seines Lebens geworden sind.

Wie Hegel in der Naturphilosophie die theoretische und praktische Assimilation des Lebendigen von ihrer »bildenden« Tätigkeit unterscheidet, so tritt auch bei Marx neben das theoretische und praktische »Lebensmittel« der Natur eine praktisch-theoretisch »erzeugte« gegenständliche Welt, die von Marx so nicht genannte Welt der Kultur. Zwar produziert nach Marx auch das Tier, indem es seine Umgebung verändert, sich Plätze für seinen Leib baut usf., aber es produziert nur »einseitig«, was es unmittelbar bedarf, während der Mensch allseitig und selbst »frei vom physischen Bedürfnis« produziere. Daher produziere es auch nur »sich selbst«, während der Mensch »die ganze Natur reproduziert«. Das tierische Produkt gehört ganz und unmittelbar zu seinem physischen Leib, während der Mensch seinen Leib aus dem Produkt zurücknimmt und ihm – dem Produkt – »frei« gegenübertritt und »wahrhaft« erst produziert in der Freiheit von Leib und Bedürftigkeit. In dieser wahrhaften Produktion erschließt sich ihm das »Maß« der natürlichen Gegenstände und die

69 *Archiv f. Sozialwiss.* Jg. 69, 1933, S. 268. Vgl. auch *Reason and Revolution,* dt. Übers. Neuwied 1962, S. 243 f.

»Inhärenz« seines eigenen maßgebenden Tuns: »Das Tier formiert nur nach dem Maß und dem Bedürfnis der species, der es angehört, während der Mensch nach dem Maß jeder species zu produzieren weiß und überall das inhärente Maß dem Gegenstand anzulegen weiß; der Mensch formiert daher auch nach den Gesetzen der Schönheit.«[70] Trotz dieser wesentlichen Unterscheidung des tierischen vom menschlichen Verhalten und der Verschiedenheit ihrer hervorgebrachten »Welten« ist es bemerkenswert zu sehen, daß *im Resultat* die Hegelsche Theorie des Lebendigen mit der Marxschen Interpretation des Menschen übereinstimmt. Wie nämlich bei Hegel das Lebendige in der »Angemessenheit« des Äußeren, im Bildungsprozeß zu seiner »Wirklichkeit« und zum »Selbstgefühl« gelangte, so wird auch bei Marx die menschliche Individualität in der Werkwelt sich gegenständlich und »bewährt« ihr Selbstgefühl in der Umbildung der Natur. Weder im theoretischen noch im praktischen Prozeß gegen die Außenwelt erhält der Mensch die Wirklichkeit seines Gattungswesens, sondern erst in der »Bearbeitung der gegenständlichen Welt«. Die Produktion einer »eigenen« Welt erklärt Marx zum »Gattungsleben« des Menschen; durch sie erscheint die Natur als sein Werk und seine Wirklichkeit: »Der Gegenstand der Arbeit ist daher die Vergegenständlichung des *Gattungslebens des Menschen*, indem er sich nicht nur wie im Bewußtsein intellektuell, sondern werktätig, wirklich verdoppelt, und sich selbst daher in einer von ihm geschaffenen Welt anschaut.«[71] Das Tun der Arbeit zielt also – vom Resultat her betrachtet – primär nicht auf den Gegenstand, die Natur, sondern auf die »Subjektivität« des Menschen, die im Gegenstande sich selber »gegenständlich« zu werden sucht. Alle Organe

70 *MEGA*, I. Abt., Bd. III, S. 88.
71 *MEGA*, I. Abt., Bd. III, S. 89.

und Wesenskräfte des Menschen sind in ihrem Verhalten zur gegenständlichen Welt sich selber gegenständlich und zugleich die »Aneignung« der Gegenstände: »Die Aneignung der *menschlichen Wirklichkeit,* ihr Verhalten zum Gegenstand, ist die Betätigung der menschlichen Wirklichkeit.«[72] Im »produktiven Leben« des Menschen kommt sein »Gattungsleben« zur Erfüllung. Denn für Marx ist dieses produktive Gattungsleben schon das »Leben erzeugende Leben. In der Art der Lebenstätigkeit liegt der ganze Charakter einer species, ihr Gattungscharakter«.[73] Daß Marx an einigen Stellen diese in sich zentrierte Bewegung der menschlichen Lebensäußerungen, die in den gegenständlichen Hervorbringungen »bejaht« werden und zur »Anschauung« kommen, auf das »Bewußtsein« des Menschen oder die »Universalität« seines Gattungslebens bezieht, bezeichnet zwar einen formalen Unterschied zu Hegels Philosophie des Lebendigen, ändert aber nichts am sachlichen Sinn der Selbstwerdung des Menschen, die im Rahmen des Marxschen Denkens in den Erfahrungshorizont des Lebendigen eingespannt bleibt und sich prinzipiell auf derselben Ebene bewegt, an die alles Lebendige der Natur gebannt bleibt. Die Selbstwerdung kann daher nur, wie Marx gelegentlich andeutet, bis zur Selbstbejahung und Selbstbewährung, bis zum »Selbstgefühl« (nach Hegel der höchsten Stufe tierischer Lebendigkeit) gelangen. Schon dies, daß das »Fürsichwerden« des Menschen durchweg auf die Gegenstände, d. h. auf die Vergegenständlichung bezogen wird, zeigt die sachliche Gemeinsamkeit mit Hegels Erfahrung des Lebendigen. Sie besteht in der *Vergegenständlichung* der lebendigen Subjektivität mit der Gegenwart eines von ihr hervorgebrachten, ihr zugehörigen Gegenstandes, in welchem der

72 Ebenda, S. 118.

73 Vgl. ebenda, S. 88.

bloße »Genuß der Außenwelt« umschlägt in die Selbstbewährung und -äußerung der Subjektivität als des Bezugspunktes der vergegenständlichten Gegenstände.
Die Gemeinsamkeit der anthropologisch-naturphilosophischen Begriffsbestimmungen beruht, abschließend gesagt, darauf, daß Hegel wie Marx das Lebendige bzw. die Lebendigkeit des Menschen als Prozeß begreifen. Im Unterschied zu Hegel hat Marx jedoch den Lebensprozeß des Menschen aus der Sphäre des sich auf sich selbst beziehenden Geistes zurückverlagert in die Natur. Der Sinn der vergleichenden Betrachtung war daher nicht zuletzt dieser, gerade in der Übereinstimmung den Unterschied aufzuweisen, der zwischen dem anthropologischen Ansatz von Marx und der Hegelschen Anthropologie besteht. Hegels Kategorien des theoretischen und praktischen Prozesses mit der Natur haben nicht, wie bei Marx, eine anthropologische, sondern eine naturphilosophische Bedeutung und bringen, bezogen auf den tierischen Organismus und seine Umwelt, die lediglich »natürlichen« Daseinsbedingungen des Lebens in einer systematisch mehrfach reduzierten Deutungsperspektive zum Ausdruck.

Nachweise

Hegel und Marx. Die Neubestimmung des Verhältnisses von Theorie und Praxis, in: G.-K. Kaltenbrunner (Hg.), *Hegel und die Folgen,* Freiburg 1970.

Fortschritt und Dialektik in Hegels Geschichtsphilosophie. Zuerst publiziert in: *Die neue Rundschau,* Jg. 80, Heft 3 (1969).

Wissen, Glauben, Wissenschaft. Zuerst publiziert unter dem Titel: *Wissen, Glauben und moderne Wissenschaft im Denken Hegels,* in: *Zeitschrift für Theologie und Kirche,* Bd. 66 (1969).

Freiheitsgesetz und Herrschaft der Natur. Englische Fassung in: Z. A. Pelczynski (Hg.), *Hegel's Political Philosophy. Problems and Perspectives,* Cambridge University Press 1971.

Anthropologie bei Hegel und Marx. Erschienen unter dem Titel *Grundzüge einer Theorie des Lebendigen bei Hegel und Marx* in: *Zeitschrift für philosophische Forschung,* Bd. XIX (1965).

edition suhrkamp

487 Eberhard Schmidt, Ordnungsfaktor oder Gegenmacht. Die politische Rolle der Gewerkschaften
488 Über Wolfgang Hildesheimer. Herausgegeben von Dierk Rodewald
489 Hans Günter Michelsen, Drei Hörspiele
490 Bertolt Brecht, Trommeln in der Nacht. *Komödie*
491 Eva Hesse, Beckett. Eliot. Pound. *Drei Textanalysen*
492 Gunnar Myrdal, Aufsätze und Reden
494 Orlando Araujo, Venezuela
495 Über Paul Celan. Herausgegeben von Dietlind Meinecke
496 Walter Schäfer / Wolfgang Ed lstein / Gerold Becker, Probleme der Schule im gesellschaftlichen Wandel. Das Beispiel Odenwaldschule
497 David Cooper, Psychiatrie und Anti-Psychiatrie
498 Dieter Senghaas, Rüstung und Militarismus
499 Ronald D. Laing / H. Phillipson / R. A. Lee, Interpersonelle Wahrnehmung
502 Wolfgang Emmerich, Zur Kritik der Volkstumsideologie
503 Anouar Abdel-Malek, Ägypten: Militärgesellschaft. Das Armeeregime, die Linke und der Soziale Wandel unter Nasser
504 G. F. Jonke, Glashausbesichtigung
506 Heberto Padilla, Außerhalb des Spiels. *Gedichte*
507 Manuela du Bois-Reymond, Strategien kompensatorischer Erziehung
508 Gunnar Myrdal, Objektivität in der Sozialforschung
509 Peter Handke, Der Ritt über den Bodensee
510 Dieter Henrich, Hegel im Kontext
511 Lehrlingsprotokolle. Herausgegeben von Klaus Tscheliesnig. Vorwort von Günter Wallraff
512 Ror Wolf, mein famili. Mit Collagen des Autors
513 Wolfgang Fritz Haug, Kritik der Warenästhetik
514 Gefesselte Jugend. Fürsorgeerziehung im Kapitalismus
515 Fritz J. Raddatz, Verwerfungen
516 Wolfgang Lefèvre, Zum historischen Charakter und zur historischen Funktion der Methode bürgerlicher Soziologie
517 Bertolt Brecht, Die Mutter. Regiebuch der Schaubühnen-Inszenierung. Herausgegeben von Volker Canaris
518 Über Peter Handke. Herausgegeben von Michael Scharang
519 Ulrich Oevermann, Sprache und soziale Herkunft
520 Melchior Schedler, Kindertheater
521 Ernest Mandel, Der Spätkapitalismus

522 Urs Jaeggi, Literatur und Politik
523 Ulrich Rödel, Forschungsprioritäten und technologische Entwicklung
524 Melanie Jaric, Geh mir aus der Sonne. *Prosa*
525 Peter Bürger, Studien zur französischen Frühaufklärung
526 Herbert Brödl, fingerabdrücke. Schrottplatztexte
527 Über Karl Krolow. Herausgegeben von Walter Helmut Fritz
528 Ursula Schumm-Garling, Herrschaft in der industriellen Arbeitsorganisation
530 Eduard Parow, Psychotisches Verhalten
531 Dieter Kühn, Grenzen des Widerstands
533 Materialien zu Ödön von Horváths ›Geschichten aus dem Wienerwald‹
534 Ernst Bloch, Vom Hasard zur Katastrophe. Politische Aufsätze 1934–1939
535 Heinz-Joachim Heydorn, Zu einer Neufassung des Bildungsbegriffs
536 Brigitte Eckstein, Hochschuldidaktik
537 Franco Basaglia, Die abweichende Mehrheit
539 Gastarbeiter. Herausgegeben von Ernst Klee
540 Thomas Krämer-Badoni / Herbert Grymer / Marianne Rodenstein, Zur sozio-ökonomischen Bedeutung des Automobils
541 Über H. C. Artmann. Herausgegeben von Gerald Bisinger
542 Arnold Wesker, Die Küche
543 Detlef Kantowsky, Indien
544 Peter Hacks, Das Poetische
546 Frauen gegen den § 218. 18 Protokolle, aufgezeichnet von Alice Schwarzer
547 Włodzimierz Brus, Wirtschaftsplanung. Für ein Konzept der politischen Ökonomie
548 Otto Kirchheimer, Funktion des Staats und der Verfassung
549 Claus Offe, Strukturprobleme des kapitalistischen Staates
550 Manfred Clemenz, Zur Entstehung des Faschismus
551 Herbert Achternbusch, L'Etat c'est moi
552 Über Jürgen Becker
553 Hans Magnus Enzensberger, Das Verhör von Habana
555 Alfred Sohn-Rethel, Geistige und körperliche Arbeit
556 Becker / Jungblut, Strategien der Bildungsproduktion
557 Karten Witte, Theorie des Kinos
558 Herbert Brödl, Der kluge Waffenfabrikant und die dummen Revolutionäre
559 Über Ror Wolf. Herausgegeben von Lothar Baier
560 Rainer Werner Fassbinder, Antiteater 2
561 Horvat, Jugosl. Gesellschaft
562 Margaret Wirth, Kapitalismustheorie in der DDR

Alphabetisches Verzeichnis der edition suhrkamp